REFORMACIÓN DAVIDIC

Restaurando el Honor de Vuelta a Judá

Apóstol Jacques C. Cook

REACTION RICH
PUBLISHING

Copyright © 2018 por Jacques C. Cook
Publicado por Reaction Rich Publishing
Benton Harbor, Michigan

Impreso en los Estados Unidos de América
ISBN: 978-0692099438

Biblioteca del Congreso Catalogación en la publicación de datos

Contenido

Prefacio

Conocí a Jacques hace 11 años en una conferencia profética en Antioch, California. Él me había dado una palabra profética de que yo era apóstol y de que estaba siendo dado un nuevo asiento de autoridad. Y debido a este encuentro entre nosotros, comenzamos para conocer por teléfono y durante todos estos años desde entonces, ha habido mucho intercambio de ministerio entre nosotros. Jacques me ha ministrado proféticamente muchas veces, trayéndome mucho aliento, y le he ministrado en discipulado a través de sus muchas pruebas y dificultades.

A través de la interacción continua que hemos tenido, realmente tuve el privilegio de obtener para conocerlo de una manera muy real, frontal y transparente. Y es por el carácter constante y humildad que vi en él, incluso cuando tuve que traer la corrección, que he estado con él todos estos años, a pesar de que hubo muchos tiempos difíciles y tumultuosos.

Jacques es una de las epístolas de Dios que se leerá de todos los hombres, y es una voz para Dios que se escuchará ampliamente en nuestros días. Es notable para mí cuán profunda y profundamente Dios lo ha roto y ahora lo ha hecho tan nuevo, tal como lo quiere hacer con todo. Su pueblo para que pueda darles una nueva vida en Cristo.

Cuando me quedé con Jacques y su familia en el área de Chicago por primera vez en septiembre de 2017, probé Heaven on Earth. Sentí la pureza de su amor y la belleza de quién se ha convertido. Más tarde me di cuenta de que estar con Jacques y su familia era la "familia de Dios" que estaba experimentando. Fue tan especial.

A través de cada prueba, Dios ha impartido a Jacques la sabiduría y la comprensión que tengo apreciado cada vez que él compartió algo de esto conmigo, y estoy esperando con ansiedad para leer este libro porque he tenido un anticipo y sé que será TODO Dios y será ¡TODO GLORIOSO!
¡Que el Señor sea glorificado!

- por el apóstol Dorothy Lee, una Madre en Sión

Carta del Autor

Quiero ser el primero, como voz apostólica, para arrepentirme por la tardanza en escribir este libro. Aunque he estado enseñando las revelaciones de este libro desde hace bastante tiempo, me atasco ed al escribir este libro, porque Dios me quería vivir por primera vez. Este libro no es una colección de conocimiento. El libro comparte lo que viví y de lo que soy culpable. Soy culpable por asociación porque soy parte del Cuerpo de Cristo. El cuerpo está en ruinas y comienza con las artes. Esto es parte de la reforma y la reconciliación. Estoy compartiendo cómo el deshonor puede causar enfermedades y cómo los sistemas de Saúl no producen más que muerte y destrucción prematura.

Yo mismo era casi una víctima del sistema de Saúl. Lo único que me salvó de morir prematuramente y ser destruido fue que seguí la Palabra que muestra dónde David recibió todo lo que estaba en la vida de Saúl y todo lo que Dios prometió por su vida porque no tomó represalias. No hace falta decir que no tomé represalias y no voy a hacerlo. Desde este día en adelante contendré por la gloria.

Toda mi vida he luchado con mi verdadera identidad. Como resultado de luchar con nuestra identidad, generalmente intentamos demostrar quiénes somos o que no somos quienes dicen que somos. Dado que Dios me ha liberado, he aceptado que soy quien me hizo ser. Ahora sé que no tengo que probar; Solo necesito estarlo.

Apóstol Jacques C. Cook, Original

Introducción

Mi objetivo es compartir lo que el Padre me ha enseñado, me ha mostrado, así como también lo que he experimentado en el Cuerpo de Cristo. Como apóstol, tengo la tarea de poner orden en las artes divinas en el área de la reforma davídica. El propósito de este libro es restaurar el orden, pero también encontrará que a veces lo dejo con preguntas. Aunque encontrarás respuestas aquí, mi tarea no es responder a todo lo específico de tu situación. Mi tarea es concienciar sobre algunos de los desajustes que estamos experimentando en el Cuerpo de Cristo en todos los ámbitos: en Judá y en otros dones ministeriales. Como apóstol, me doy cuenta de que todas las iglesias no son lo mismo, y que tiene que lidiar con ello caso por caso. Lo mejor es buscar a Dios y hacer lo mejor para tu casa. Por lo tanto, puede preguntar: "¿Qué hago con las preguntas que me quedan?" Pídale al padre que lo ayude a avanzar en la reforma y, si es necesario, pídale que lo guíe a un especialista en esta área. Las personas, como yo, pueden entrar y ayudar a establecer el orden. Buscamos especialistas en cualquier otra área de la vida. He descubierto que las artes divinas son la función más utilizada en el Cuerpo de Cristo, pero la más negada. Muchas veces tendemos a poner más dinero detrás de la carne que hacemos las cosas espirituales que nos beneficiarán. Tristemente, lo que es sagrado para Dios, no es sagrado para nosotros. Si pudiera darle todas las respuestas en este libro, sería una desventaja para buscar las respuestas. Dios desea darte respuestas a tu situación específica y enviarte la ayuda que necesitas. Mi tarea es restablecer la pureza y la claridad, que eventualmente restaurará el estado de las artes divinas en el Cuerpo de Cristo.

El Ministerio de las Artes Divinas está en ruinas, tanto como las torres gemelas el 9/11. Hoy tenemos más fan-fair que efectividad. Tiene que parar y tenemos que restaurar el orden. Queremos divas en lugar de ministros. En lugar de que lo corrijamos, estamos construyendo sobre una base débil. Construimos sobre nuestra iniquidad. Barremos nuestro desorden debajo de las alfombras, en lugar de tirar de la alfombra y manejarla. Tememos arriesgar nuestra responsabilidad con la gente, por lo que la ignoramos. Sin embargo, arriesgaremos nuestra responsabilidad con Dios. Entiendo que obtendré algún desafío sobre la corrección que viene con restaurar el orden. También entiendo que mis motivos serán cuestionados sobre la escritura de este libro. No escribo porque soy un experto en la materia. Sé lo que sé porque he vivido lo que escribo. Esto es lo que lo hace creíble. Es mi experiencia de vida

Finalmente, en el libro de Jueces, vemos dos casos donde Dios comisionó a la tribu de   Judá para ir hacia arriba   primero   contra sus enemigos en la batalla antes que el resto del ejército. Dios preparó la batalla para ser ganada mediante el lanzamiento de la táctica de alabanza, primero. Cuando la tribu de Judá ofreció alabanza al comienzo de la batalla, se ganó la victoria. Si la Biblia claramente reconoce que Judá tenía que pasar primero antes de todas las batallas, ¿no debemos continuar operando en la misma función? ¿No estamos en una gran batalla en el Cuerpo en este momento? Judá todavía debe ir primero. Sin embargo, para hacerlo, Judah necesita ser limpiado. Necesitamos retrasarnos para ser efectivos. Estamos inmundos Estamos escuchando música que ya no honra a Dios. Nuestra alabanza y adoración está estructurada para solo cantar canciones que queremos escuchar, sin tener en cuenta lo que Dios quiere. Ya no estamos en la misma frecuencia con Dios. Hemos dejado de preguntar qué está pasando en el Cielo. Comenzamos nuestros servicios jugando lo que queremos.

Cada vez que dirijo la adoración, le pido a Dios que nos deje entrar dondequiera que el Cielo ya esté fluyendo. Tenemos que pedir acceso para alinearnos con la frecuencia del Cielo. Es hora de permitir que la reforma tenga lugar en nosotros y a través de nosotros. A medida que seamos reformados, el Cuerpo será reformado, y eventualmente, podremos permitir que la reforma fluya al mundo. Señor, deja que este libro nos traiga vida a nosotros y a los demás, y protege las vidas de aquellos cuyo corazón verdaderamente está detrás de Dios.

Capítulo Uno
Reforma Davídica

¿Qué es la Reforma Davídica?

Reforma Davídica es la reforma de la Iglesia tal como la conocemos, en donde cada uno de cinco veces las funciones de regalo ministerio apropiadamente. El Cuerpo de Cristo actualmente está funcionando a partir de una base incorrecta que se construyó incorrectamente y se duplicó a partir del comportamiento aprendido. Ya que fue construido incorrectamente en primer lugar, el Cuerpo de Cristo solo puede ir tan lejos. La base no es lo suficientemente profunda como para manejar el crecimiento.

El objetivo de la reforma es llevarnos de vuelta a Jesús y llevar el corazón de Dios a la vanguardia. Este debería haber sido nuestro enfoque central en primer lugar, pero ha cambiado progresivamente. Nuestro enfoque se centra más en los números y en complacernos a nosotros mismos, en oposición a la total obediencia a la Palabra de Dios. Estamos perdiendo más personas con otros dioses que nunca en la historia. Perdimos nuestro enfoque

"Odio, desprecio tus fiestas, y no me deleitan sus asambleas solemnes. Aunque me ofreces tus holocaustos y tus ofrendas de grano, No los aceptaré; y las ofrendas de paz de tus animales engordados, No los miraré. Quítame el ruido de tus canciones; a   la melodía de tus arpas no la escucharé. Pero que la justicia ruede como aguas, y la justicia como una corriente fluyente. Amos 5: 21-24

Hay muchas áreas en las que nosotros, como el Cuerpo de Cristo, necesitamos una reforma. E ste pasaje realmente transmite el corazón de Dios con respecto a nuestra negativa a realinear. Dios odiará, despreciará y no se deleitará en lo que le ofrecemos. Imagine nuestros servicios más entusiastas donde hemos ofrecido las mejores canciones, las oraciones más impresionantes y los sermones más feroces. Cuando la rectitud [santidad, irreprensibilidad] y la justicia [integridad, honestidad, rectitud] no nos gobierna, las Escrituras testifican que Dios dice que *no* escuchará esas mismas cosas que tan difícilmente ofrecemos. ¿No es nuestra adoración lo único que debemos hacer por favor y honrarlo? La realidad es que ofrecemos programas de Dios, pero Él quiere una relación. Cantamos: " *Traemos el sacrificio de la paz a la casa del Señor ... y te ofrecemos los sacrificios de la acción de gracias ...*" En este nuevo pacto, *te* quiere como sacrificio; no sacrificio Hemos estado ofreciendo lo que elegimos ofrecer, no lo que él requiere. Esta es la razón por la cual la reforma es necesaria en este momento. Las ofrendas mencionadas anteriormente son exactamente lo que hizo Saúl. Dios le dijo a Saúl que matara todo cuando entró en el campamento de los amalecitas, pero Saúl desobedeció y le salvó algo (I Samuel 15). Dios nunca instruyó a Saúl para salvar lo que debería haber matado y ofrecerlo como sacrificio (vs. 15). El mayor sacrificio que Saúl pudo haber ofrecido a Dios fue la simple obediencia de matar a cada enemigo de Dios en ese campo. Y de muchas maneras, aquí está la imagen del Cuerpo de Cristo, hoy. En lugar de que matemos *todo lo* que Dios nos ordenó matar, y no lo guardamos para nosotros mismos, retenemos algo y lo ofrecemos como sacrificio. Dios no está satisfecho con el sacrificio enraizado en la desobediencia. En lugar de desmantelar los cimientos inestables y los sistemas impíos y reconstruir la obediencia, recuperamos algunas de las tradiciones "más selectas" y agrégalos a la base incorrecta.

Para reconstruir, tenemos que comenzar con Judah (El Ministerio de las Artes). En el Antiguo Testamento, adorar a Dios era lo primero que se requería para preceder cualquier batalla, y es lo único que vamos a hacer por la eternidad. La reforma davídica es el proceso que nos establecerá sobre la base correcta y nos señalará el diseño deseado de Dios para el Cuerpo de Cristo. Hay demasiadas muertes, demasiada enfermedad y demasiadas repercusiones para que no cedamos a la reforma. Necesitamos desesperadamente que Dios nos escuche, otra vez. La fórmula dada a nosotros para asegurar que este comience s a obedecer las instrucciones de Dios.

Si mi propia gente humildemente reza y vuelve a mí y deja de pecar, entonces los responderé de H eaven. Los perdonaré y volveré fértil su tierra una vez más. Voy a escuchar las oraciones hechas en este templo, porque me pertenece, y aquí es donde seré adorado por siempre. Nunca dejaré de cuidarlo (2 Crónicas 7: 14-16 CEB).

Mi Viaje de Reforma

Mis padres estaban en el ministerio, pastoreando y se cansaron de buscar músicos, mientras luchaban por tener uno. Mi madre oró para que un músico pasara por su vientre. Nací y comencé a jugar a los seis años, sin lecciones ni lecciones de lectura a primera vista. Cada vez que traté de leer, no funcionó. A medida que fui creciendo, jugué para mi papá. Estábamos tan cerca, en el contexto del ministerio, que mi padre pensaba en una canción, yo comenzaba a tocar y luego mi madre la cantaba. Ya a fines de los 70, en mi adolescencia, fluía proféticamente y no sabía lo que era. Cuando cantamos canciones en la iglesia de mi padre, fueron canciones que escribimos. No sabíamos que eran canciones del Señor; solo estábamos fluyendo. Estaba siendo entrenado como un minstrel en la década de 1970.

En las competiciones de banda de la escuela secundaria, nos dijeron que si no podíamos leer a primera vista, teníamos que irnos. Mi madre les suplicó que me dieran una oportunidad al permitirme escuchar la canción y luego permitirme tocarla. Lo tocaron una vez y me puse en el teclado y lo jugué, nota por nota. Luego enviaron a casa a las otras seis personas a audicionar. Jugué para esa escuela durante seis años, aunque solo fui a la escuela durante un año. Después de graduarme, me hicieron afeitarme la barba, jugar para ellos.

Todo lo que me dijeron que no podía hacer, lo hice. En los programas de talento de la escuela secundaria, yo era el único que la gente escuchaba. Estuve DJ haciendo música house y fui el primer DJ en mezclar rap. Después de la escuela secundaria, entré en la industria de la música secular donde grabé para artistas seculares. Trabajé en el estudio con algunos de los artistas más grandes. Me enviaron al extranjero, trabajando con personas como Toni Braxton, Donna Summers, Faith Evans, R. Kelly y más. Esto me educó en diferentes tecnologías de grabación. Estaba escribiendo canciones y nunca me habían enseñado cómo. Mientras estaba en esa arena, quedé atrapado en un estado de ánimo reincidente y, mientras estaba en ese estado de ánimo, mis raíces eran lo sobrenatural. Así que aprendí lo que es tener una forma de Divinidad, pero niego su poder. Solo quería ganar dinero. Luego me metí en las drogas. Me pagaron en drogas, en lugar de dinero. Los productores de música conocidos nunca me pagaron. Me engañaron con regalías comerciales por mi música que viajó al extranjero. No sabía nada sobre asuntos comerciales y cometí tantos errores. Es por eso que tengo un corazón para ayudar a los artistas a entender el negocio de la industria y cómo protegerse.

Siempre fui diferente. Vine a la iglesia para tocar después de ser DJ durante la noche. Siendo DJ, aprendí que cuando tienes talento, puedes mover a la multitud. Aprendí a mantener un flujo constante, por lo que el propietario podría vender licor. Tenía un regalo, sabía cómo mantener el flujo. Cuando el dueño dijo que necesitaba vender cerveza, puse música house. Cuando quería vender vino, me pongo cantantes masculinos para seducir a las mujeres. Cuando necesitaba vender licor marrón intenso, me puse blues para hacer que la gente se molestara por beber licor. Este es el ejemplo exacto de cómo se ve la manipulación. En la iglesia, los predicadores dicen: "toca un poco dando música." Eso es manipulación. Hoy, no permitiré que me uses para jugar algo para sacar dinero de las personas. Me niego; porque esta es la manipulación en la que participé, en el mundo. Cuando era más joven, incluso permití que mi padre me usara para tocar algo "para hacer que la gente diera." Esta es la razón por la cual los líderes no deben guiar a los juglares a escuchar del Espíritu Santo. Pueden configurarlo para que esté equivocado. Y esta es la imagen de nuestras iglesias hoy. Nuestras iglesias se parecen a los programas de entrevistas. Nuestros instrumentos están configurados en la esquina del escenario. El escenario está reservado para celebridades que ayudan a las personas a dar. Nuestras iglesias son un espectáculo.

Al crecer, como adulto, todavía jugué en el club los viernes y sábados por la noche. La misma banda que tocó para mí en el club, tocó para el coro. Cuando abrimos nuestros casos, salió humo del club en el que jugamos la noche anterior. Sé que continúa porque lo hice. Yo viví tan peligrosamente. Me estaba drogando y teniendo sexo con los cantantes y la hija del predicador. Estaba durmiendo con chicas en el coro y tomando la comunión. Estaba participando del cuerpo del Señor, pero no tenía miedo de tomarlo indignamente. Incluso en todo esto, todavía tenía hambre de Dios, ya que mi propósito de estar aquí era más grande que mi apetito por el pecado. Estaba en un estado de reincidencia. Mi hermana me devolvió la oración. Cuando has sido rezado en la Tierra, no puedes alejarte de él. La oración sobre mi vida fue que sería enviado a esta Tierra para traer pureza y precisión.

Después de regresar de una vida de pecado en mi estado de reincidencia, la primera iglesia a la que asistí tenía un excelente ministerio de música, pero no una unción. Desde el primer día, mi espíritu hombre estaba clamando por más. Sabía que el entorno no era así cuando yo no lo sabía. Después de estar allí por varios años, decidí ser salvo. Déjame decir esto, cuando fui salvado, las cosas no se pusieron rosadas. Fue entonces cuando comenzaron todos mis problemas. Cuando fui salvado y el Espíritu Santo lleno, mi banda me echó. Constantemente reviví la dinámica David / Saul. Al crecer en una iglesia donde era un PK (hijo del predicador), me encontré involucrado en esa relación dinámica no solo con mi padre biológico, sino también con otros pastores y líderes que no sabían cómo ser el padre de la singularidad en mí. Intentaron conformarme en un músico y cantante, pero Dios me llamó para ser un salmista y un minstrel. Necesitaba ser liberado del lazo del alma entre mi padre y yo. Más tarde descubrí que él era músico y no quería decirnos. Pronunció palabras de maldición sobre mi música, ya que estaba más interesado en usar mi música para *sus* propósitos. En la mayoría de los lugares que he elegido, se presentó la dinámica David / Saul. No lo entendí, o por qué la mayoría de los líderes con los que he estado en contacto querían que me callara y jugara. No estaban interesados en las otras dimensiones de mi vida más allá del teclado. Entonces, he sido así toda mi vida. La guerra comenzó y las cosas empeoraron. Empecé a experimentar la guerra, la traición y el abuso en un nivel que no podía imaginar que sucediera alguna vez.

A lo largo de toda mi vida, me ha resultado difícil aprender y recordar canciones escritas. Me ha causado un reproche falso sobre mi nombre que no funciona bien con otros. Las cosas que comparto con personas del Señor, la gente lo recibe como si estuviera loco. Debes tener cuidado cuando la gente habla bien de ti, ya que a menudo es una cortina de humo por lo que realmente sienten por ti. A menudo se sienten intimidados de que pueda tomar decisiones por su cuenta. Fui marcado como un renegado porque tenía una relación con Dios y podía escuchar de él por mí mismo. Saúl estaba celoso y amenazado por David por lo mismo. Eres una amenaza para cualquier líder controlador cuando ejercitas teniendo un cerebro y una relación con Dios por ti mismo. Se sienten intimidados por un espíritu similar. No tienen la capacidad de honrarlo, pero lo usarán. Descubrí que usan una falsa doctrina para controlarte. Como resultado de esto sucedió en mi vida, pasé años caminando en una falsa humildad, cuando en realidad era una estupidez.

Mi capacidad para acceder a los reinos y establecer una atmósfera era lo único que parecía interesarme. Serví bajo líderes que no me importaban como persona. No hubo honor de la iglesia para apoyar mi música. Tuve que complementar mi vida al ganarme la vida fuera de la iglesia. Caminar en deshonor me abrió a la enfermedad. Contraje una enfermedad llamada diabetes, de la cual Dios más tarde me curó. Adopté un enfoque bíblico de "Dios los perdone porque no saben lo que hacen." Cuando David recibió lo que Saúl no hizo porque no tomó represalias, estoy tratando de reflejar mi vida con el mismo corazón. No deseo tomar represalias contra los líderes que actuaban en la ignorancia. Por lo tanto, estoy compartiendo mi situación con la esperanza de ayudar a los líderes que han experimentado similares. No cubriré motivos equivocados o malas acciones. Siento que hemos hecho esto demasiado tiempo porque la iglesia tiene miedo de enfrentar la verdad. Esto debe enfrentarse ahora porque, cada vez más, las personas están muriendo mucho antes de tiempo. Cinco o más músicos que conozco murieron antes de tiempo debido a un corazón roto. Sirvieron fielmente junto a líderes y administradores, esperando ser honrados, pero en cambio fueron enviados a complementar sus vidas con otros trabajos. Sé de otros que fueron quebrantados de ser ignorados porque no tenían lo que la iglesia quería (aunque tenían lo que Dios quería). La sangre está en nuestras manos, ya que nos negamos a cambiar o asumir la responsabilidad de la deshonra y causar la muerte prematura en las personas, de los corazones rotos. Esto tiene que cambiar.

A medida que mi viaje continuó, serví como minstrel, en varias iglesias y organizaciones diferentes. Descubrí que era más que un teclista. Descubrí que era un don de ministerio. Creé mi propio itinerario. Me hizo seguir un patrón que no era para mí. Me quedé atrapado pensando que lo apostólico era algo que vi hacer a los demás. Cuando busqué las enseñanzas de Efesios acerca de que Cristo daba regalos, me di cuenta de que había una razón por la que menciona "primero dio algunos apóstoles." Cuando le pregunté al Señor cuál era mi misión y mi propósito original de venir a la Tierra, me dijo que fui enviado para traer claridad y pureza a las artes y todas las funciones adyacentes (especialmente alabanza, adoración y funciones de juglar). También descubrí que tenía que vivir estas funciones, en lugar de simplemente compartir información. Primero tuve que convertirme en la revelación. Fui ordenado profeta a la edad de nueve años, pero descubrí el apostólico más adelante en mi vida. Cuando viajé en el ministerio, el Espíritu Santo me dio para liberar a las personas en sus destinos. Cuando Dios reveló el tipo de postle que era (que es un apóstol de las artes divinas), me mostró cómo ya había estado haciendo el trabajo. Es por eso que este libro fue creado para compartir mis experiencias negativas para solidificar la revelación que estoy compartiendo. Por lo tanto, la mención de los apóstoles primero, en Efesios 4 es porque estamos llamados a entrar *primero* y ser los *primeros* en experimentar. Debido a la revelación y comprensión que el Padre me dio, a menudo choco con líderes que son inseguros de quienes son, o son egoístas y quieren brillar ante la multitud en lugar de ser un jugador de equipo. Establecí estándares en mi vida que se alinean con la Palabra de Dios. No les permitiría que me usen para desplumar a la multitud o hacer un mal uso de mí para alinearme con sus agendas.

Estoy en la temporada de recuperación de ser deshonrado por personas por más de 20 años de mi vida. Como resultado de la deshonra, mis riñones se apagaron. Perdí la vista, donde no podía conducir a ninguna parte. Sin embargo, Dios ha restaurado esas áreas. Dios me expuso que no estaba en el nivel que yo pensaba que era. Como resultado, me ha hecho redefinir lo que realmente es la adoración y, a su vez, ir más profundo con Dios. Mirando hacia atrás, estaba familiarizado con Dios a través de la religión, pero realmente no lo conocía. A decir verdad, Dios no descargó nada nuevo en mí. Ya estaba en mí; Simplemente no accedí. La tierra que Dios le mostró a Abraham no apareció, ya estaba allí; él simplemente no podía verlo. Abraham tuvo que someterse a ser llevado a eso. Esto vino de una activación de confianza. Descubrí que es fácil para nosotros creer en Dios, pero luchamos por confiar en él. Cuando crees en alguien, si hacen algo contrario a lo que crees que deberían hacer, tu creencia queda probada. Por el contrario, cuando confías en ellos, no te importa lo que hacen. Siempre he creído d que Dios sana, pero a veces cuando me despertaba y no me restauraban la vista, comencé a interrogarlo. Esa es una señal de que no confié en él. Entonces, después de expresarme y pedir claridad, cedí a la confianza. He estado diciendo durante años que creo, pero *DEBO* confiar en él. No es fácil, pero cuando mi vista está borrosa, mi agradecimiento de que puedo ver me hace confiar en él.

Le agradezco a Dios por abrir mis ojos y protegerme de la amargura de los sistemas que se niegan a cambiar. No me molesto con los sistemas, me molesto con los espíritus detrás de ellos. Le pido a Dios que eleve mi nivel de amor para las personas y mi nivel de odio para los sistemas que son contrarios a su sistema. Me agobia ver a la gente acudir en masa a estos sistemas porque parecen ser lo que la mayoría está adoptando. Siendo realistas, estamos condicionados a rebaño hacia la mayoría, sino que representa la minoría que nunca es popular. Por defecto, las personas tienden a adoptar cosas que no los provocan a ir más alto porque no es un desafío. Hemos condicionado a las personas a temer a la libertad. En cualquier otro sistema, odiamos ser controlados. Sin embargo, cuando nos ponemos en el Reino de Dios y el sabor libertad, estamos molestos porque nadie nos está controlando. Lo que debe tratarse y abolirse es esta mentalidad de esclavo. Debido a este sistema impío existente, ni siquiera sabemos cómo ser libres. He visto la mentalidad de esclavos en la iglesia. La gente ha sido condicionada para servir a un líder y ser fiel a ellos durante años antes de que el líder los promocione. Esto es impío. Bíblicamente, un líder se supone que sirve y promueve a otros. Lo tenemos tan atrasado que cosas como esta se convierten en nuestros estatutos de gobierno y se transmiten de generación en generación como " *el* camino."

Ahora, un breve descargo de responsabilidad: Estoy preparado para la avalancha de líderes que desafiarán todo lo que digo fuera de un lugar de culpa. No presento la verdad para atacarte. Presento la verdad para liberar al Cuerpo de Cristo y exponer los ciclos impíos que hemos perpetuado y que producen frutos impíos. La verdad no necesita refutación. La verdad de Dios está sola.

Como resultado de pararse en y hablar a favor de eousness derecho y la verdad, he tenido líderes se mueven para callarme y dime a jugar simplemente el teclado. No quieren que comparta la verdad. Solo quieren que toque y cante. La razón por la que no puedo hacer eso es que no solo soy un líder de alabanza, cantante o instrumento; Soy un don de ministerio. Fui enviado a la Tierra para aclarar el mal uso de los dones ministeriales. Los obsequios ministeriales no se limitan a obsequios y talentos; las personas son dones ministeriales, también. Por lo tanto, he sido enviado para aclarar el mal uso de las personas y los dones y talentos con los que han sido equipados. Nunca me sorprende cuando me desaprueban. Nunca me sorprende cuando me invitan a algún lado y comparto lo que hay en mí, que nunca vuelvo a invitarme. No me enviaron para tomar compromisos. Fui enviado a liberar tr uth y tomar asignaciones divinas. Fui diseñado por Dios. Fui enviado por Dios. Mi tarea es con Dios. Mi lema es: "Si Dios no está diciendo que, yo no es doin él." Esencialmente, he permitido que Dios unja el personaje que puso en mí. Ese es un personaje sensato que habla y dice la verdad. Incluso si esta verdad cierra las puertas que abrió el hombre. Hay puertas que Dios abre que ningún hombre puede cerrar. Viví para mí durante mis primeros 50 años, pero pase lo que pase, el resto es para él.

No Más Compromiso

Como apóstol, soy un sabio maestro constructor y necesito lugares donde pueda verter y construir- no crear un lugar para obtener dinero de las personas. No puedo hacer eso nunca más. La mitad de los compromisos que las personas toman no son de Dios, es por eso que se agotan. Cuando su enfoque se centra *únicamente* en los compromisos y los honorarios que lo acompañan, la verdad es que su objetivo es complementar el estilo de vida lujoso en el que vive, en lugar de servirle a la gente para ayudarlos a crear reinos que los mantengan de por vida. David no tomó de las personas, él las echó en ellas. Tengo un problema cuando el líder establecido vive una vida de lujo cuando el 70% de la iglesia cuenta con la ayuda del gobierno. También tengo un problema cuando los líderes piden a las personas en las artes que presten servicios sin compensación cuando usted (como líder) no puede predicar sin obtener una compensación. Luego tiramos las Escrituras sobre hacer lo que hacemos como para el Señor. Si ese es el caso, tú también deberías. Creo que los líderes deberían primero intentar tener algún tipo de ingreso (incluso un trabajo), en lugar de vivir de lo que proviene de las personas a través de las ofrendas. Ciertamente deberías tener algún tipo de vocación. La ofrenda de la iglesia debería ser algo extra. Las ofrendas y los diezmos están destinados a cuidar a aquellos que sirven. Por eso, si tus líderes artísticos no trabajan fuera de la iglesia, no pueden vivir. Sin embargo, esto no está teniendo lugar en todos los ámbitos. El excedente está en la casa del pastor. Esta tontería está siendo expuesta ahora. Esta es la razón por la cual los pastores están siendo acusados por mal manejo de fondos. Mi punto es que no le pidas a alguien que haga algo que no estás dispuesto a hacer tú mismo. Eso te hace un mentiroso e hipócrita. Nadie quiere lidiar con eso. Me sentiría de algún modo si dijera a una iglesia y cuando necesitaba ayuda, la iglesia no la tenía.

La iglesia ni siquiera está en condiciones de satisfacer las necesidades de aquellos que sirven en Judá. La religión nos ha programado para entrenar a los pastores para pedirles ayuda a las ovejas cuando el pastor debe buscar formas de depender de Dios para suplir lo que se necesita para cuidar a las ovejas. Eso es si eres realmente un pastor. Un padre provee para su familia. La familia no provee para el padre. Dios instituyó la familia dyn amic. "Padre nuestro que estás en Hay ..." (Mateo 6: 9-13). La función de proporcionar para el padre establecido está desactivada. David no solo fue a la batalla, sino que también recogió los despojos de la guerra. El hombre establecido que se queda en casa mientras todos salen a la guerra está fuera. La Escritura muestra que David se metió en problemas cuando no salió, "en un momento en que el rey va a la guerra ..." (2 Samuel 11). Necesitamos una reforma. Tenemos pequeños niños y niñas en lugares de autoridad. Los niños pequeños y las niñas todavía quieren jugar. No tienen corazón para poner orden. Es por eso que la reforma está devolviendo el corazón de Dios a la vanguardia. Hoy, la construcción del propio ministerio e imperio está a la vanguardia. ¿Cuántos de nosotros hemos escuchado a los líderes decir: "¿Cuántos corres, doctora?" Mi respuesta a ellos es: "¿Cuántos corres directo al infierno?" Su único enfoque es cuántas personas están pagando su 10 por ciento de la semana a la semana. Si estuvieras más consciente del alma, si te quedara, simplemente obtendrías otra. Así que esencialmente nos hemos quedado cortos porque proporcionamos para el conjunto hombre o padre de la casa. Sin embargo, debería ser al revés donde el padre provee. Las ovejas no cuidan del pastor; el pastor se ocupa de las ovejas.

Hacer que Judah sea limpiado es el comienzo. Necesitamos ayudar a los cantantes a hacer la transición a los salmistas y a los músicos que se convierten en juglares. Llamar una cosa de acuerdo a sus funciones, no a los talentos. Los músicos mueven a la multitud; juglares mueven la nube. En esta hora amada, si no puedes demostrarlo, no debes enseñarlo. David se ocupó de las necesidades de todos, incluso de su enemigo. Ninguna criatura, mucho menos una persona talentosa, puede acceder a la gloria de Dios de una manera consistente cuando se distraen con las cuentas y los cuidados de esta vida. David no tenía falta en su campamento porque no era egoísta. David eliminó todas las distracciones de la vida del adorador, para que pudieran adorar. David compró tierra para que habiten. Parte de la falta que vemos hoy proviene del hecho de que el Cuerpo de Cristo no está en la frecuencia correcta en esta área.

Dios me usó en diferentes naciones para impartir el don de tocar instrumentos, sobrenaturalmente. La forma en que Él me la da, la imparto a otros. En la actualidad, me estoy embarcando en la apertura de varias escuelas de arte para entrenar juglares y salmistas, para que sean educados en el Reino y en la Biblia. La única habilidad que tengo es escuchar del Espíritu Santo. No he aprendido de ningún hombre. Los resultados que obtengo están fuera de este mundo, literalmente, porque soy co-dependiente del Espíritu Santo. No sé nada más y no quiero saber nada más, ya que me impide tomar crédito por lo que he invertido en mí mismo. El envío de salmistas y juglares a los sistemas creados por el hombre los bloquea en un parámetro limitado donde solo pueden ir tan lejos. Es como un proceso de clonación, donde el hombre te limita. El Espíritu Santo no tiene limitaciones. Nunca he experimentado el bloqueo del escritor. No existe tal cosa. El Espíritu Santo no se queda sin nada, nosotros lo hacemos. Todavía estoy buscando a Dios sobre cómo llevar a cabo mi propósito original de ser enviado a la Tierra.

Siempre que no sepas el verdadero propósito de algo (persona, lugar o cosa), abusarás y lo manipularás mal. He visto esto suceder a juglares y salmistas. Los músicos y cantantes no tienen esos problemas, ya que vienen una moneda de diez centavos. No hay amenaza para ellos. No hay ningún desafío para ellos para vivir bien, tampoco. Como líderes, debemos avergonzarnos cuando no desafiamos a las personas a vivir el conflicto. Lo he visto en ambos lados; ser un líder y estar del lado de un músico. He jugado para la gente secularmente y en la iglesia que pensaban que su nombre era más grande que Dios. No querían que obedeciera a Dios. Ellos querían que los obedeciera. He visto más traición en la iglesia que en la arena secular. Lo único que me hizo sobrevivir fue que Dios me estaba matando para no sentir nada de eso.

El Señor me envió a las calles de Chicago en lotes baldíos, donde ocurrieron los asesinatos para poder jugar y excavar el suelo. Él dijo: "Quiero que vayas a tocar donde nadie sepa tu nombre o título." Dios me mostró una imagen de David jugando bajo la carpa donde tenía 288 cantantes expertos en la canción del Señor, y 4000 músicos alabando en los instrumentos que creó (I Crónicas 23-25). Todos estaban de acuerdo y esta tecnología hizo prosperar a todos. Barra lateral: ¿Cómo pueden 4288 personas llegar a un acuerdo hasta el punto de producir resultados en el Reino, pero no podemos lograr que siete personas en nuestro equipo de alabanza y adoración se pongan de acuerdo? Algo está mal. Dios me preguntó qué había debajo de la tienda. Dije suelo. Él dijo: "David aprovechó la tecnología en ese día, donde pudo enviar música a la tierra." El terreno cedió todo lo que necesitaba. El suelo produce todo el valor que necesitamos. David no tenía falta en su campamento. El propósito de David de excavar el suelo de esta manera apunta al conocimiento de que todo lo que nos beneficia crece del suelo. El oro está minado. La plata está minada. Es por eso que pudo prosperar. Las frecuencias de la música se fueron al piso para ceder todo lo que David necesitaba para prosperar. La pompa del Cielo es tan rica en la exhibición de esta tecnología. Lo que David produjo fue tan rico y próspero que he modelado mi vida para dar todo lo que necesito. Estamos hechos de tierra / tierra. Cuando Judá va a adorar, están excavando la tierra de individuos que están hechos de tierra. Ese es el beneficio de tener juglares en lugar de músicos. Aquí es donde los líderes se lo perdieron. Cuando permites que los juglares salgan, estás excavando suelo, para permitir que la gente prospere. Desafortunadamente, queremos personas que solo canten y funcionen bien, cuando lo único que hacen es quitar, en lugar de producir cambios. Es por eso que es importante que nuestros ministerios de música funcionen según las estructuras bíblicas.

En 1 Crónicas 25: 1-6, David identificó a los padres y envió a los padres para identificar a los hijos, porque fueron identificados por las fortalezas que tenían. Hoy, los padres naturales y espirituales acaparan a sus hijos. Los padres quieren mantener a sus ejércitos para que se vean bien. Envía a los ejércitos! Numerosos apóstoles y pastores, hoy, no saben lo que están haciendo. En un extremo vemos apóstoles que poseen el título pero tienen una gracia pastoral. Sin embargo, en el otro extremo tenemos pastores sosteniendo sus títulos, pero operando bajo la gracia apostólica. Ambos tienen miedo de entrar en su gracia, por lo que otras personas puedan decir. Hay suficientes personas en el mundo para que los apóstoles ocupen su lugar. Es muy necesario en Judá. ¿Dónde están los apóstoles para liberar esta banda de guerreros que vimos en I Crónicas? No operan con normalidad. Esta banda de guerreros ni siquiera sabe lo que es normal. Necesitan un padre que los suelte y hable sobre ellos, para que puedan ser fructíferos. No necesitan ser cerrados, solo para ser liberados cuando su líder es demasiado viejo para servir. Esos días han terminado.

¿Dónde Comenzamos?

El propósito de este libro es ayudar a las iglesias, naciones y personas a liberarse de la necedad religiosa. Estoy cansado de oír y ver los efectos de la misma impíos espíritu s aumenta sin parar en el cuerpo. La gente no puede llegar a Dios por su experiencia con los niños pequeños en el púlpito y la iglesia lesionada que llevan desde hace 27 años.

Perpetuamos conductas y nos rehusamos a cuestionar los rituales en nuestras iglesias que no son bíblicos. ¿Te has preguntado por qué nosotros (como iglesia) adoptamos tendencias que nos aclimatan a las tendencias del mundo? W hy do que apaga las luces durante el culto, como estamos en un club? Si no podemos conectarnos y aprehender a Dios con las luces encendidas, fallaremos con las luces apagadas. La intimidad en nuestra relación personal es el ingrediente que falta. No estamos cortejando a la Deidad, nos cortejamos a nosotros mismos.

El pecado y la impiedad se pasan por alto según cuánto dinero tenga una persona. El estatus ha reemplazado a los estándares. El dinero ha reemplazado a la moral. Nuestras etapas se han convertido en un lugar donde si la congregación no está impresionada, no hay demanda en la atmósfera para producir. Nos hemos sentido motivados por la impresión, más que por ser ministrados. ¿Por dónde comenzamos?

Capitulo Dos
El Ataque Contra Judá

¿Quién es Judah?

Jacob tuvo 12 hijos, y Judá fue el cuarto hijo nacido para él y para Lea. El nombre de Judá significa "Alabanza." Sin embargo, el nombre de Judá se asocia más con el sonido que con el canto. De los 12 hijos de Jacob, Judá fue generalmente el que los condujo a la batalla (Jueces 1: 2, 20:18). Todos los hijos de Jacob poseían un sonido que solían soltar en la batalla, pero el de Judá era diferente del resto. Cuando Judah gritó, su voz sonó como un rugido de león y sus enemigos se desanimarían por el miedo a ese sonido. Judá y sus hermanos fueron algunos de los guerreros más feroces de la Tierra. Tenían una reputación de destruir ciudades enteras con su pequeño ejército, lo que hizo que se les temiera en toda la tierra. Judá puede ser descrito como un poderoso guerrero, así como un apóstol de sonido porque generalmente fue enviado primero. La parte más importante de la vida de Judá fue afirmada por la impartición profética de su padre.[1]

Él dijo:

"Judá, tus hermanos te alabarán. Derrotarás a tus enemigos. Todos tus parientes se inclinarán ante ti. Judá es un león joven que ha terminado de comer su presa. Como un león, se agacha y se acuesta; como una leona, ¿quién se atreverá a despertarlo? El cetro no se apartará de Judá, ni el cayado del gobernante de sus descendientes, hasta la llegada de aquel a quien pertenece, aquel a quien todas las naciones obedecerán. Ata su potro a una vid, el potro de su burro a una vid selecta. Lava su ropa en vino porque su cosecha es muy abundante. Sus ojos son más oscuros que el vino, y sus

---

[1] Jasher 39: 19-21, 30-33, Jasher 54: 43-46

dientes son más blancos que la leche "(Génesis 49: 8-12 NTV).

Según la tradición, el primogénito debe recibir el mayor honor y bendición. Rubén fue el primogénito, pero su comportamiento imprudente de acostarse con una de las esposas de su padre lo descalificó. El Señor lo reemplazó al elegir a Judá, y su linaje real se convirtió en heredero del trono de Israel; el mismo trono que el Rey David fue elegido para gobernar. La venida del Mesías también fue predicha en la profecía de Judá de que Él sería el último heredero al trono. Liberarse como un demonio que aterroriza al enemigo fue una característica definitoria de la línea de Judá. David heredó la habilidad pionera en sonido y cualidades bélicas de Judá, y Jesús fue proclamado como "El León de la Tribu de Judá." Su misma presencia y propósito aterrorizaban al enemigo.

Hoy en día, a menudo se hace referencia a Judá como aquellos en el Ministerio de las Artes. Sin embargo, Judá no solo representa a aquellos que están musicalmente inclinados. Judá representa a aquellos que han sido ungidos con la repisa de la chimenea para romper barreras, desmantelar sistemas impíos y establecer el Reino de Dios, utilizando el sonido. El Ministerio de las Artes ha llevado la unción para interpretar y liberar sonidos proféticos. Sin embargo, el Espíritu Santo también puede usar un grupo corporativo y unificado de creyentes que se rinden al llamado davídico.

Nuestra Condición Presente

El esquema de contención que creció entre David y Saúl está vivo y bien en el Cuerpo de Cristo, hoy. David representó la obediencia. Saúl representaba el compromiso y la desobediencia. El Cuerpo de Cristo está en un severo estado de compromiso. Adoptamos cosas que sabemos que no son piadosas, pero lo hacemos de todos modos. No hacemos las preguntas sobre por qué están permitidos. Nuestras iglesias parecen una escena de Showtime en el Apollo. Si alguien no calma nuestra carne, los sacaremos del escenario. Si no vienes con la unción cruda, la mayoría no reconocerá. Confundimos lo que suena bien con lo ungido, pero son dos cosas totalmente diferentes. Líderes, cuando pone energía y dinero en quién puede tocar la mayor cantidad de acordes, quién es el más popular o buscado, quién tiene las mejores habilidades y / o con quién están jugando, usted es un Saúl. David miró el corazón de un hombre para comprender sus intenciones. David siguió las instrucciones de Dios para eliminar las distracciones de las vidas de las personas, para que pudieran servir. Cuando miramos la Palabra donde se describió el minstrel, fueron notados como hábiles [calificados, hábiles, dotados, hábiles, diestros, competentes] y astutos [astutos, ingeniosos, ingeniosos, astutos] (I Crónicas 25: 7). Eso no tiene nada que ver solo con el talento. La referencia de habilidad no significaba que el juglar fuera talentoso y supiera cómo jugar mejor en la tierra, significaba que tenía la capacidad de dirigir y seguir al Espíritu Santo al mismo tiempo. Había un elemento en el ADN de David que le daba la capacidad de sacar el espíritu maligno de Saúl. De hecho, el espíritu del mal fue puesto en Saúl por Dios para crear una situación para usar a alguien específico (que estaba detrás del propio corazón de Dios) para sacarlo. Dios podría haber usado cualquier músico, pero eligió usar un minstrel. Los músicos de hoy vienen una moneda de diez centavos, pero un minstrel es raro. Dios usa juglares porque persiguen su corazón a través de la relación.

Esencialmente, el sistema de Saul ha arruinado nuestras iglesias. Nos ha llevado por el camino en el que nos volvimos irrelevantes al volvernos relevantes para todo. Si miramos nuestro servicio de alabanza y adoración, nos parecemos más al mundo que a nosotros mismos. Creamos una cultura que acomoda a un alma que dice: "No voy a participar si no llegas a mi nivel." El método debe cambiar, pero el mensaje siempre ha sido el mismo. Nunca manipularé mi adoración para lograr el estilo de música que le gusta a la gente. Traeré el sonido puro que proviene de Dios. Eso es lo único que atraerá a las personas, incluso a nuestros jóvenes. La investigación frecuentemente presenta nuevas técnicas para atraer a nuestros jóvenes, pero la única forma de llegar a los jóvenes es ser un adulto.

Los profetas raramente profetizan la Palabra del Señor nunca más. Ellos profetizan palabras calmantes. No creo en una escuela de profetas. Las escuelas solo clonan al maestro. No puedes decirme que los profetas deberían tener restricciones sobre cómo habla Dios. ¿Cómo le dices a un profeta que no pueden tratar ciertos asuntos? Eso es todo lo que hicieron los profetas en la Palabra. Él envió una advertencia a través de los profetas sobre las áreas que necesitaban corrección. Creamos profetas *que* podemos controlar, no auténticos profetas.

Tendemos a preocuparnos por cosas que son responsabilidad de Dios. No es nuestra responsabilidad si las personas no vienen a la iglesia o si dejan su iglesia. Si eso sucede, asume la responsabilidad que se te ha otorgado de evangelizar a más personas al Reino. ¿Sabes cuántas almas pasamos para hacer nuestras rutinas diarias? No podemos quedar atrapados en miembros de acaparamiento. No son tuyos de todos modos; ellos son de Dios *Su* responsabilidad es evangelizar, discipular, equipar, desarrollar y liberar para obtener más personas. Yo también creo esto para el ministerio de Judá. No creo que la influencia única de los juglares y los salmistas se deba limitar a los servicios de adoración del domingo. Están llamados a influir y liberar el Reino del Señor a través de la Tierra. Personalmente, creo que Judah debería infiltrarse en la industria de la música. ¿De qué otra manera pueden tomar esa montaña de influencia y establecer el Reino de Dios si no lo obtienen?

El Fruto de los Sistemas Impíos

En un capítulo posterior, discutiremos con mayor profundidad cómo sabrá cuándo se encuentra en una dinámica de David y Saúl. Sin embargo, los síntomas son obvios. Saúl pensó que podía seguir haciendo lo que quisiera con David porque era el rey. Esa es la representación idéntica de líderes bajo la influencia de este sistema. Hacen lo que quieren y piensan que está bien por quiénes son. La mentalidad de un líder de Saúl es: "Salmista, yo soy el rey y todo lo que necesito que hagas es cantar." Al minstrel, le dicen: "No me importa lo que digas, solo te quiero para jugar." Sé de primera mano que esto puede ser frustrante, pero no te preocupes. W gallina no tomar represalias y continuar adorando mientras Dios obra en la situación en su nombre, su culto actuará como forense espirituales para exponer las huellas dactilares en la lanza que fue lanzado en usted. Estaba dotado para jugar y cambió atmósferas. Viví con un falso reproche en mi nombre porque me dijeron que era un brujo debido a la capacidad que Dios me dio de acceder a los reinos. En ese momento, no sabía que esto se estaba diciendo porque esas mismas personas sonreían en mi cara. Sepa que los hombres y las mujeres juegan un papel en empujarlo a su destino. Viví por su lema con mis Judas, "Haz lo que haces rápidamente."

Las personas usadas por el diablo son traicioneras. Son personas de compromiso y nunca son una amenaza para el enemigo. Es por eso que no tienen pruebas. Si te examinas a ti mismo y descubres que no tienes resistencia en tu vida, no tienes autoridad. Tú no eres una amenaza para el reino de la oscuridad. Porque eres ineficaz, el enemigo no tiene que venir contra ti. Esta es la razón por la cual el Evangelio nos dice innumerables veces que nos regocijamos cuando somos perseguidos. Judah, este es el momento de regocijarte como un gran tonto. Es la única forma de mantener tu cordura. El ataque viene por la gracia pionera de tu vida. Estás agradecido de ser un creador de tendencias y / o un reformador. Si el enemigo puede destruir tu influencia antes de lograr esto, la reforma no tendrá lugar. Si Judah es destruido, ¿cómo puede ser el primero en la batalla? El sistema de Saúl está haciendo que las cosas cambien para que

Judá se desanime y abandone la fe. Ellos están siendo provocados para irse. El enemigo necesita tu habilidad para crear porque no tiene ninguna. Si puede desanimarte para que dejes la fe, puede usar tu habilidad en otro lado. Él usa vasijas ordenadas por Dios. Si tuviera el poder de crear por su cuenta, no robaría nada. Su ministerio de alabanza y adoración debe usarse como una fuerza aérea espiritual. Este fue el propósito para Judá. Si sabes algo sobre ir a la batalla, enviar a Judá primero era despejar las vías aéreas para que las tropas no fueran asesinadas. Cuando su alabanza y adoración están fuera de control, no están despejando las vías respiratorias, por lo que las tropas de tierra están siendo asesinadas. La batalla es con el príncipe del poder del aire (Efesios 2: 2). Le estoy pidiendo a Judá que tenga una mente abierta sobre quién eres. No te arriesgues porque el enemigo quiere que pienses que tienes que acudir a él para obtener lo que necesitas para ser efectivo. ¿Cómo puedes ir a él por lo que ya le pertenece a Dios? El Padre ya posee lo que necesitas.

Creo que los cinco regalos ministeriales están disgustados. Sin embargo, todas las partes tienen la responsabilidad de trabajar juntas para encontrar una solución para el compromiso que tiene lugar en el Cuerpo de Cristo. Más importante aún, todos tenemos que ponernos en la frecuencia correcta: la frecuencia de Dios.

La Luz de Judá

Si te enfrentas a una situación en la que te están atacando y te lanzan jabalinas, estás familiarizado con la difícil situación de Judá. David fue el ejemplo perfecto de qué hacer en esta situación. Cogió a Saul en desventaja varias veces y pudo haber tomado represalias contra él, pero no lo hizo. David corrió. No importa lo que hagas, no hay una forma correcta o incorrecta de correr. Esa es la religión que dice que hay una forma correcta e incorrecta de abandonar una iglesia, a pesar del abuso que estás sufriendo. Si alguien está atacando, deberías estar corriendo. ¿Quién tiene tiempo para escribir una carta cuando alguien te tira jabalinas? Nos escondemos detrás de sistemas y estándares que creamos que no tienen nada que ver con Dios. En mi propio testimonio personal, me dijeron en varios casos que no me fui bien. En todos los casos, fui donde mi líder y compartí por qué me iba. Todos menos uno me liberaron, así que me vi obligado a irme para obedecer la voz de Dios. Yo estaba entonces lista negra y se marcó un "renegade." Los que se quedaron en la iglesia dijeron que no tiene nada que ver conmigo porque estaba "maldita." Me dijeron que mis dones eran sólo podrá ser operado a causa de la iglesia que estaba en y el liderazgo bajo el que estaba. Mi respuesta fue que tenía esos regalos cuando estaba en la calle con un objeto contundente en la boca. Los dones no provienen del líder o la iglesia, sino de Dios. El sistema de Saul siempre quiere tomar crédito por lo que traes a la mesa. Es notorio que te hace sentir que necesitas a otra persona para operar.

Entonces, ¿qué estoy diciendo? G et fuera del sistema Saulic, porque nunca va a cambiar. Las únicas personas que estarán en desacuerdo con todo lo que estoy diciendo en este libro son las personas culpables de operar en las cosas que estoy exponiendo. ¿Por qué si y ou en desacuerdo con algo que traiga s libertad? Esto apunta a mi declaración anterior de que el sistema de Saul siempre está enraizado en su desacuerdo con hacer lo que Dios te dice que hagas. De la misma manera, Saúl alteró *sus* instrucciones de Dios para satisfacer su preferencia (I Samuel 15). Hoy en día, si Dios nos dice que matemos algunas de las relaciones y sistemas en nuestra vida y no lo ahorremos, quiere decir exactamente eso. Cuando nos aferramos a ellos, por desobediencia, no somos mejores que Saúl. De hecho, cosechamos el fruto de la desobediencia de Saúl.

El peligro que veo en el sistema de Saul, hoy en día, es el daño colateral de la muerte. Saúl ha estado llevando a cabo con éxito la misión de matar al David que llevas dentro. Si ese espíritu no puede matarte físicamente, matará tu influencia. Obviamente, este espíritu y el sistema sólo puede detenerlos si se permite que, pero *pueden* causar un retraso. Usted 'll ser forzado t O esperar a que Dios se reivindican, trabajar algunas cosas a cabo a preservar su vida, y te guarde sanado. Él *va a* reivindicar y restaurar el honor de nuevo a usted, pero hay un propósito para él lo que le permite pasar por ese proceso. El propósito es que tus ojos se abrirán para ver que lo que llevas es valioso para Dios. No estás obligado a seguir liberando lo que llevas a las personas que no lo aprecian. Estás obligado a Dios, no a hombre. Tenemos que darnos cuenta de que una re equipados con regalos, sino *que* también son el regalo que Dios envía. Las personas nunca van a valorar a nosotros cuando nos no valoramos a nosotros mismos. Cuando tomamos la decisión de permanecer en un sistema que nos está matando, solo nosotros tenemos la culpa. La culpa no no pertenecen a la persona o sistema que está matando a usted. Valórate lo suficiente como para no permitir que la gente controle cómo sigues y obedeces al Dios que te envió en primer lugar. Cualquier sistema, organización, persona, lugar o cosa que no esté dispuesto a honrarlo está descalificado para cualquier relación.

Como líder, me parece irónico que otros líderes critiquen a las personas que se auto promueven. I f se les niega el honor y el apoyo en las relaciones y los sistemas que sirven, quién más promoverán ellos? Cuando Dios te ha promocionado y tu líder ni siquiera puede escuchar la promoción, ese es un problema. Honestamente, las mismas personas que le dicen que no se auto promocione tienen todas las herramientas y los dispositivos de las redes sociales para promocionarse. Eso es manipulación y control. Están haciendo lo que le dicen que no haga. Impíos Innumerables veces he visto sistema s establecido, donde los fieles tienen que pasar por un hecho por el hombre proceso de ser reconocidos y apoyados. No puede decirme que tengo que pasar 19 clases para ser reconocido, después de estar comprometido con la iglesia por 19 años. Sé, de primera mano, la frustración que acompaña este nivel de deshonor.

Yo no pedí a nadie que me ordenar como un apóstol o profeta. Nunca busqué a un hombre para que me ordenara. Dios abrió mi entendimiento de la vida de Jesús y David, así que hice el trabajo. Viajé a muchas naciones. Después de hacer el trabajo, me di cuenta de que era una voz apostólica en las naciones. Yo había desarrollado hijos e hijas. Un hombre con el que no estaba de acuerdo me vio y se me acercó para afirmarme como un apóstol de las artes divinas por el trabajo que ya había hecho. Él no sabía de una lata de pintura. Tristemente, la gente con la que había estado durante años ni siquiera me afirmaría como conserje. ¿Qué estaba esperando? Estoy en mis 50 años y aún habría estado esperando si hubiera seguido sentado allí. T aquí había ninguna razón para mí no ser endosado o afirmado. A menudo, los líderes evaluarán injustamente su respaldo al compararlo con otros. ¿Qué tiene que ver la vida de otra persona con el sistema de Dios? ¿Debemos seguir el sistema del hombre o la obediencia a Dios? El hombre siempre fallará cuando se trata de esos dos en mi vida. Ahora, puede verse tentado a gruñir ante esa declaración, pero mi obediencia a Dios triunfa sobre cualquier cosa. Incluso después de hacer todas las cosas apropiadas para ser liberado, todavía no me soltaron. Ya lo dije; no hay una forma correcta de irse en un sistema Saúl. Puedes escribir un ensayo de 10 páginas explicando cómo Dios te ha dado tu partida. No importa. Si así lo desean, lo harán *todavía* mal de ti. De hecho, tu pastor nunca debe determinar cuándo es tiempo de que te vayas y obedezcas a Dios. Deberías y sabría eso antes que ellos de todos modos. Los líderes que sirven a más de 10 miembros no tienen un cronograma que les permita mantenerse al día con todo en sus propias vidas y destinos, y mucho menos los suyos. No podemos fingir como si lo tuviéramos todo junto. Es imposible hacer malabarismos y administrar todo lo que se presenta al ser un líder. Los líderes sabios serán honestamente admitir que no tienen la capacidad para gobernar si es el momento para que obedecer a Dios. Hay libertad en honestidad y transparencia. Es imposible gobernar a 100 hijos e hijas espirituales. Los líderes ni siquiera tienen tiempo para interactuar con todos los miembros el domingo por la mañana. Deben concertar una cita solo para interactuar con usted. Entonces, ¿por qué perpetuamos como Dios nos ha mostrado el plan para cada miembro? Dios ni siquiera opera de esa manera. Para aquellos que permiten que esto suceda a ellos, déjame pido que no seas tan Star Struck que haga excusas para controlar el comportamiento. Hacemos excusas para los líderes y no los hacemos contables. El sistema de Saul hace que pongas excusas para algunos y liberas la condena por otros. Por ejemplo, si soy un líder, no te devuelvo la llamada después de que haya prometido hacerlo, uno diría que no tengo integridad. Si eso le sucede a alguien por lo que está impresionado, tiene la excusa de que están ocupados. Esa es la imagen de un sistema de Saul.

El sistema de Saul no quiere respaldar a nadie que no pueda controlar. T sombrero suena increíble, pero es un hecho tan probada. Cada vez más, los líderes se hieren cuando las personas deciden irse. También niegan que se hayan negado a liberar a la gente, por razones egoístas. Sus sentimientos tienden a justificar sus acciones, afirmando que se sienten traicionados, pero eso es una contradicción. ¿Cómo te sientes traicionado cuando deberías haberlos soltado en el primer lugar? ¿Quién sufrió más? la persona que busca obedecer a Dios o el líder que está herido? El stor y se convierte en "I vierte en ellos ... Las tenía en mi Hous correo," etc. A continuación, se salió de la iglesia de elegir lados. Lo desafortunado es que cuando nos guiamos por nuestras emociones, no nos damos cuenta del daño que le causamos a la reputación de las personas. Actuamos como si alguien fuera una mala persona porque eligieron obedecer a Dios. No tenemos el derecho de desacreditar a la gente fuera de un lugar de ofensa. Es malo que no digas la verdad sobre la decisión de un miembro de irse, ya que hace que las personas pinten su propia imagen. Tu silencio produce una mentira, y eso es malo. Lo que se produce es p ersonas tratándolos indiferente y que permita que la gente a hacer inferencias acerca de su carácter.

He sido testigo de cómo el sistema Saul te saboteará a los líderes con los que tienes una relación mutua. Si son guiados por sus emociones, lo único que tienen que hacer es ponerse al teléfono y llamar a la gente para que les diga: "No los traigan." Esta es la razón por la que su dependencia no debe ser exclusiva de otras personas para abrir las puertas a que debido a que puede cerrarlas sólo un s más rápido que los abrieron. El sistema de Saul no podía controlar a mis contactos porque no estaban al lado de mis líderes. Había establecido relaciones con iglesias por mi cuenta, pero esas puertas adyacentes a líderes que me desacreditaban estaban cerradas. Nos sentaremos y hablaremos de lo traicionero que es el mundo, pero el mismo sistema está funcionando en la iglesia.

Tuve que aprender algunas de estas lecciones de la manera difícil. Tenemos personas que son bloqueadores. Cuando vean que su ministerio está adquiriendo impulso, se pondrán al teléfono y lo bloquearán. Cualquiera que tenga un falso reproche en su nombre o que esté del lado de la verdad refleja a Cristo. Jesús se puso en el flujo de la dinero del templo. Permanecer del lado de la verdad afecta el flujo de dinero, y se lo cerrará por ello. Jezabel entró en escena para bloquear el impulso de Israel. Ella destruya ed adoración profética y desacreditada que eran personas (I Reyes 18). He visto a líderes invitar a alguien a enseñar en su iglesia a la baja, pero les impedirá predicar en el púlpito. En todas partes donde fui, los líderes me trataron con escepticismo. No se hizo ningún esfuerzo para llegar a conocerme. Fue necesario que algunos de los jóvenes me dijeran cosas que se dijeron de mí. Un adolescente vino a mí y me dijo: "Simplemente no veo lo que nos han advertido sobre ti." Por eso, cuando eres davídico, no tienes que demostrar nada sobre ti. Dios no puede protegerte cuando eliges tomar represalias o defenderte. Para las personas religiosas que no buscan a Dios pero dependen del pastor para contarles todo, comprendan que un profeta no tiene honor en su propio hogar.

Restaurando la Identidad a Judá

Cuando las personas finalmente descubren quiénes son, ya no pueden ser maltratados y controlados. Judá a menudo es herido por el uso indebido de ellos como un regalo. Líders, tu es están sufriendo Judá por tener el don servirle más de servir a Dios. Cuando Judá se niega a ser mal usado por más tiempo y se va, el duelo del líder proviene del hecho de que ya no pueden usar a Judá. Intentarán cualquier cosa para evitar que se vaya, incluida la manipulación con promesas de promoción. Un jefe lo mantiene en un trabajo con una promesa de promoción futura. La dinámica de padre e hijo no hace eso. Un padre te ayuda a prepararte soltándote y afirmando, sin manipularte y sin mantenerte estancado por los celos. El ir la tristeza viene de la negación de un uso inadecuado. Todos no son tu hijo Descubrí que muchas de las relaciones que tenía con hombres mayores de Dios pensé que estaban en el ministerio más tiempo que yo y eso los convirtió en padres. Me subestimaron y pensaron que solo era un músico. Pero viajé en el ministerio con mi padre cuando era niño. Querían que me sometiera a ellos como a un hijo, pero no tenían lo que yo necesitaba como padre. Entonces descubrí que muchos de ellos no fueron engendrados. Comenzaron su ministerio fuera de la rebelión. Esperaban que hiciera cosas que ellos mismos no podían hacer.

Tratamos de manipular a las personas que usan la palabra con las Escrituras que no se aplican a la situación. Si usamos las Escrituras apropiadas en la dinámica de Saúl y David, veríamos sus dedos en la jabalina, no en la mía. Sin embargo, usan las Escrituras para manipular eso. Lo usa incorrectamente, pensando que está exento, debido a su estado y título. Eso está mal. Saúl quiere que la gente esté de acuerdo con él, no lo desafíe. Nadie puede estar en desacuerdo o desafío. Nadie tiene permitido tener un cerebro. Dios no obtiene la gloria de hacer clones que no pueden pensar por sí mismos. Recuerda el retrato de un padre piadoso en David. Identificó a sus hijos e hijas y permitió que sus padres los identificaran, para que pudieran operar su regalo con exactitud. Por el contrario, las personas que operan en un sistema Saul no lo identificarán, porque no quieren que sepa quién es usted. Saber quién eres realmente les impide tener control sobre ti.

Corrupción en el Campo

En el sistema Saúl, parece que la única persona que predica es el hombre establecido. El sistema de Saul tiene un profeta de la casa. El sistema de Saul tiene un cantante favorito, en lugar de un minstrel ungido. Ese cantante o persona se compromete y hace todo lo que el líder quiere incluso cuando está mal (y usted sabe que está mal). Sabes que estás en un compromiso y la única razón por la que no hablas es que están rellenando tu bolsillo para guardar silencio. A los profetas se les paga por profetizar y a los intercesores se les paga por orar. A menudo es una herramienta para evitar que reveles lo que está escondido en tu campamento. Los profetas hoy en día no pueden corregir la iglesia en sus ordenanzas. El sistema de Saúl te hace un adivino, no un profeta. Todo lo que estás liberando son palabras calmantes. Lloras porque tu iglesia es la mejor, pero eres la peor porque te niegas a tratar con los problemas. Bailas y alabas tus iniquidades. Si te atreves a desafiar la tontería en la iglesia hoy, te marcan automáticamente para la muerte. Lo primero que matarán es tu influencia, y lo segundo es tu capacidad de pensar por tu cuenta. Cuando acudas a un líder y dices: "Creo que Dios me está diciendo ..." vas a pelear. Tu resistencia más fuerte es de aquellos con los que crees que estás de acuerdo. Eso es el resultado de que ellos piensen que tienen una noción preconcebida sobre ti de todos modos. Entonces, lo que dices está comprometido. Puedes sentir la representación negativa de la incomprensión.

Todos no tienen ni entienden el estándar de la verdad. Incluso mientras digo esto, puedo escuchar a alguien decir: "Tú no eres Jesús y es imposible vivir como Jesús." Esa es una mentira para las personas que ponen excusas para no vivir como Jesús. El camino de un transgresor es difícil. Realmente no es tan difícil. ¡Se real! David nos da el ejemplo de que debemos ser criaturas que el enemigo nunca puede contar. Deberíamos estar diciendo en nosotros mismos. Debemos admitir la verdad de nosotros mismos. Le digo a Dios lo que sinceramente siento y mis luchas. Luego le digo a H im que me ayude con esa área.

El propósito de este libro que expone todas estas facetas de alabanza y adoración es que Judá debe ir primero para ganar esta batalla. Si no lo has notado, estamos perdiendo en este momento. Hay un gran abuso de nuestra autoridad e influencia. Sin embargo, queremos que la gente nos siga mientras seguimos a Dios. Necesitamos comenzar aquí en Judá y arrepentirnos para poder avanzar y ser triunfantes. Entonces, los líderes nos permiten restablecer el honor y la identidad de aquellos honores de Dios. Eliminemos el mal manejo corrupto de los demás en el Cuerpo. Deja que los juglares toquen y deja que los salmistas ungidos canten para que puedan ser lo que son y puedas ser quien eres.

Capítulo Tres
El Vehículo Para La Reforma

El tabernáculo de David es una imagen de cómo Dios quiere que vivamos nuestra vida en un culto de 24 horas. La imagen es simple. Dios quiere que le obedezcamos, ya que la adoración es obediencia. La adoración no es la (s) selección (es) musical (es) que ofrecemos en nuestros servicios de adoración. La adoración es la ofrenda de nuestras vidas, las 24 horas del día, no solo cuando es conveniente. Es un vehículo las 24 horas del día, no cuando lo necesita o cuando viene a la iglesia.

Para resucitar el tabernáculo de David, cada momento de nuestras vidas, es mostrar cómo podemos acceder a la riqueza y la salud. David dio a todos los que lo necesitaban. Él proveyó algo para todos. No pensamos en esa línea. We construir nuestros reinos individuales, sino que pretendemos que representamos al Rey.

Culto Profético

El propósito de la adoración profética es mostrar que servimos a un Dios que nos responde. El rechazo de la adoración profética se basa en una excusa para apoyar la desobediencia a la Palabra del Señor. Los líderes dirán: "Dale a la gente lo que quiere y canta canciones que todos conozcan." Sin embargo, la sabiduría no es para la gente. Dios quiere hablarnos a través de la adoración propética, ya que libera donde está el flujo del Espíritu ahora. La adoración profética canta de Su corazón, Su amor, Su propósito y Su voluntad. Por otro lado, las canciones que gané a menudo te conectan con la experiencia del autor. Es por eso que la mayoría de las canciones aprendidas están inspiradas por una determinada situación y no por una relación con Dios. David cantó a menudo sobre su relación con el Padre. Esas canciones fueron inspiradas por la relación. Es por eso que Dios se dirigió a Él como "un hombre conforme al corazón de Dios" (I Samuel 13:14, Hechos 13:22). Dios es un Dios espontáneo. Todo en Él es profético. Usted le canta y Él le canta a través del canto del Señor. Estoy seguro de que algunos de los lectores buscaban un enfoque teológico de los maestros de la Biblia sobre este tema, pero yo no hablo en esos términos. Predico y enseño basado en mi relación con Dios. Todos los versículos de la Biblia con los que se puede encontrar son BIEN CONOCIDOS y no escribo para probar todas las Escrituras que conozco. Te dejo la responsabilidad de buscar el asunto en la Palabra. Nos hemos acostumbrado tanto a que la gente haga todo por nosotros. Sin embargo, Dios rasgó el velo para que pudiéramos tener acceso a nosotros mismos. El velo está roto para que puedas tener acceso a Dios y escuchar de él.

Nuestra iglesia está hecha de personas necesitadas que esperan que los pastores estén bien para hacer algo. No podemos elegir una marca de copos de maíz sin preguntarle al pastor. Llame a sus pastores y pregunte cuándo está bien que visite a su familia. Eso es una tontería. Estoy martillando esta área porque necesitamos una reforma. Dios está tratando de mostrarnos que las cosas que hicimos en el pasado no solo son absurdas, sino que tampoco funcionan. Buscamos la dirección de nuestros pastores más de lo que la buscamos de Dios. Es la diferencia en AM y FM. La frecuencia AM (la mayoría de las iglesias están activadas) está preguntando modo. No lo podemos escuchar en este modo debido a que sólo se le acercamos a preguntar por algo. La antena es tan débil que la señal está distorsionada. Seguimos preguntando porque no creemos. Dios está tratando de cambiarnos a FM (modo de cumplimiento), donde el sonido es claro. La antena es más grande a través de la relación. En este modo tu relación con Dios es el conducto que te llena. Cuando pides algo o buscas orientación, ya sabes que ya está hecho. Así es como llegamos a un lugar de reforma, al permitir que Dios nos cambie al modo de realización a través de una relación íntima con él.

La adoración profética es una forma de Dios hablando a través de Su pueblo. Somos el único rey que tiene un Dios que puede respondernos. ¿Quién serviría a un Dios que no puedes escuchar? Como dije anteriormente, la música, las frecuencias y el sonido entran sin permiso. Cuando se juega en tu vida, entra más rápido. Las respuestas que has estado esperando en tu vida te pueden llegar a través de la adoración profética. Dios no está interesado en perder el tiempo (aunque Él es tiempo e hizo tiempo). Él tampoco está interesado en derrochar petróleo. Lo que vemos que hace la mayoría no es tan saludable como la minoría. El hecho de que vea un porcentaje exhaustivo de América fumando hierba, no significa que deba comenzar. La mayoría no significa nada para mí. Hacer algo porque todos los demás lo están haciendo no es una buena razón para hacer algo.

Quiero que todos entiendan que una nueva canción provoca una nueva naturaleza, mientras que una vieja canción mantiene una naturaleza antigua. Déjame probar mi punto. Cuando escuchas una canción que es antigua, generalmente hay un recuerdo adjunto. Cuando cantas una canción nueva, acabas de crear una memoria. Alguien mire a su vecino y diga: "¡Reforma!"

Esencialmente, lo que intento transmitir a todos los que leen este libro es que la autenticidad es muy importante. Cuando permaneces auténtico y aprecias quién y qué te hizo

Dios, siempre producirás cosas que son originales. No tendrás que perder el tiempo perpetrándote como alguien a quien admiras. La única vez que la gente hace eso es cuando no están contentos con lo que son. Cuando mis ángeles me entreguen un paquete, no quiero que se confundan, porque estoy tratando de ser otra persona. Selah. Es fácil ser tú mismo. Es difícil tratar de imitar a los demás. Esto también es el resultado de alguien siendo mentor. Por lo general, la persona que te está asesorando te clona. Cuando discipulas a alguien, le enseñas a ser como Cristo. Cristo dijo que estos son mis discípulos, no aprendices. Usted forma y moldea lo que una persona se convierte por lo que habla en sus vidas. También hay poder en lo que dices. Por eso, cuando las iglesias dicen que siempre tendrán los mejores cantantes y músicos, eso es todo lo que obtienen. Necesitan decir: "Quiero a los mejores minstreles y salmistas porque sus corazones están detrás de Dios."

La iglesia tiene que pasar a la mente de Dios, no el patrón que hemos visto antes por hombres desinformados que actúan a partir del comportamiento aprendido. Estoy hablando del modelo bíblico que solo viene del tiempo en la

Palabra y en la presencia de Dios. Ningún hombre o mujer sabrá nunca cómo Dios lo quiere si no preguntamos. Perpetuamos la forma en que todos los demás lo hicieron: mamá, papá, abuela mma y Reveren tal y cual. Sin embargo, eso es tradición, y esas tradiciones ni siquiera funcionaban para ellos. Si somos realmente honestos, admitiríamos que murieron derrotados e insatisfechos. Debido a razones sentimentales, nos negamos a aceptar que *El Viejo Barco de Sión* no funcionó para ellos. Muy pocos de nosotros queremos admitir eso. Mi madre era profética y era más precisa que muchos hombres que trabajaban para callarla porque las mujeres solo eran vistos como capaces de servirles pollo. ¿Por qué Dios esperaría en algunos de nosotros hombres para ponerse en marcha para avanzar en la agenda? Él no lo hará. Él usará a quien se haga disponible. Estoy cansado de que los hombres odien en lugar de relacionarse. Ponte en obediencia y ponte en tu lugar. Hay suficiente trabajo para todos. Hay suficientes almas para todos. Hay suficientes plataformas para todos. Hay suficiente de todo para todos y para que pueda cumplir su tarea.

Creo que los músicos y los salmistas deberían estar en el

Reino, no solo en la iglesia. Esas son dos funciones diferentes. Fueron creados para servir a la agenda del Reino y el Reino, no solo a una iglesia local. El Reino es vasto, pero la iglesia está aislada. La iglesia está fundada y funciona según la preferencia del líder. El Reino está donde sea que pongas tu pie. La iglesia debía estar en este estado, pero nadie quiere abandonar el edificio.

Mitos de la Música

Déjame matar el mito sobre qué es la música del diablo y de Dios. Todos los estilos de música fueron creados por el hombre, pero cada habilidad para crear los estilos fue dada por Dios. Entonces, no hay un cierto estilo que triunfe sobre todo el sonido. Si esa es la verdad, no habría necesidad de que Dios asumiera la necesidad de la diversidad. La diversidad que vemos en la Tierra es la diversidad en el Cielo. No hay música negra, blanca o hispana. Creo que se crearon diferentes géneros de música para llegar a diferentes personas. Entonces, si eres apostólico, deberías poder llegar a todos los grupos de personas. Uso para viajar a través de muchos países emergentes. Cuando los intérpretes cayeron bajo el Espíritu Santo, me dejaron colgando. Cuando yo adoré, me incliné hacia el sonido que el Señor estaba liberando en esa región. Me negué a forzar nuestra cultura occidentalizada en sus gargantas. No les damos lo que ellos saben, sino lo que necesitan. En las islas, la adoración que sale de mí es reggae, raga o caribeña. No es forzado; es a lo que el Espíritu Santo me lleva. Si estoy en el área donde se está reproduciendo música country, por lo general me siento llevado a reproducir un sonido que es música country. Eso es CRUDO: Adoración Apostólica Real.

Declaraciones Ignorantes Hechas

Necesito abordar algunas de las declaraciones ignorantes que se hacen con respecto a todas las cosas de adoración. La lista consiste de lo siguiente:

- "El equipo de alabanza no estaba allí."
- "No fluían hoy."
- "No me aceptaron."
- "No sé lo que estaba mal con ellos; estaban secos."

Estas son las declaraciones asinicas más populares sobre la

adoración de personas que no saben para quién y para qué sirve la adoración. La alabanza y la adoración no son para *ti* en primer lugar. Si pasas más tiempo en la presencia de Dios, antes de llegar a la iglesia, nadie debería decírtelo. Ni siquiera tendría que ser corregido por este libro, diciéndole la ignorancia al hacer una declaración sobre las personas que lo están atendiendo. Ni siquiera están destinados a servirte, sino a servir a Dios. Sin embargo, nuestra falta de comprensión ha erigido un sistema que tiene que ser amigable para los buscadores, para hacerte feliz. La alabanza y la adoración nunca fueron hechas para hacer que tus oídos naturales estén satisfechos. Tus oídos están entrenados para escuchar lo que suena bien. Si alguna vez ha hablado una de las declaraciones anteriores, muestra qué tan bajo es su nivel de amor. Ya sea que suenen bien o no, ¿por qué no puedes discernir su corazón al tratar de ofrecer lo mejor a Dios? Si tu corazón fuera puro, participarías, en lugar de medir su habilidad. Estas declaraciones provienen de personas que son críticas y acuden a un escenario de adoración para criticar. Su equipo de adoración sería nunca más la altura, ya que no lo están haciendo por ti. Esto es tan liberador para Judá porque los descubrimientos del hombre no son importantes en la interacción donde la alabanza y la adoración estaban destinadas al Rey.

Poniendo la Responsabilidad de Vuelta Donde Pertenece

Nunca fue la responsabilidad de los líderes de adoración tocar los corazones de las personas. Tampoco fue su responsabilidad "ayudarle" o ayudarlo a obtener su gran avance. Esta responsabilidad es y siempre ha pertenecido al Espíritu Santo. Los líderes de adoración, usted es responsable de ser el primero en entrar, antes que los demás. No deberían simplemente decirles que hagan lo que ven que hacen. Deberían verte hacerlo. Deberían verte entrar primero. Sin embargo, la responsabilidad no recae solo en ti. A medida que el líder de adoración entra, la congregación (líderes y laicos por igual) deben adorar juntos como un cuerpo corporativo unificado.

En la mención de dones espirituales, los apóstoles se enumeran primero. Por lo tanto, apóstoles, deberían ser los primeros en hacer lo que se espera en todo, especialmente en la adoración. Se supone que el apóstol debe hacer, en primer lugar, lo que se espera que hagan los otros cinco dones ministeriales. Jesús dijo: "Solo hago lo que veo que hace mi Padre." Entonces, si veo a mi Padre adorando, entonces debería hacerlo. Mi padre no debería tener que decirme qué hacer. Los animales tienen más sentido para hacer lo que ven que hacen sus líderes. ¿Cómo es que los animales no tienen problemas para hacer aquello para lo que fueron creados, pero nos negamos? Cuando tratamos la adoración como la última en la lista de prioridades, podemos esperar que la adoración sea una prioridad deficiente. Tenemos conferencias sobre todo menos la adoración. Deberíamos ser conferenciados y cansados del juego de cambio de dinero.

Las cosas que son importantes (como la oración y la alabanza y la adoración), nadie se presenta, porque no es importante para ellos. Líderes, su congregación no va a estar interesada en nada en lo que esté desinteresado. ¿Cómo espera que su congregación sea adoradora cuando no la ven a usted adorar? Ni siquiera sales durante la adoración.

Debido a la base equivocada que hemos establecido, hemos otorgado la responsabilidad de la banda y los cantantes para llevar a las personas a un lugar donde nunca antes estuvieron. Si su relación con Dios, su amor por Jesús y su dependencia del Espíritu Santo no lo llevan a la adoración, entonces nosotros (minstreles y cantantes) simplemente lo manipulamos y lo que está ofreciendo hasta Dios es simplemente falso. Para ser honesto, el servicio de adoración más grande debe ser en su casa y en su tiempo íntimo con Dios. Sin embargo, la realidad es que la mayoría de nosotros no piensa en la adoración hasta el servicio dominical. Debemos vivir una vida de adoración. Se supone que somos portadores de gloria. En lugar de llegar a la iglesia esperando que el equipo fabrique la gloria, ¿qué parte de la gloria trajiste? Si eres un verdadero adorador, trae algo a la mesa. No vengas a "conseguir" todo el tiempo. Si no tienes nada que llevar, ofrécete. Eso es lo que quiere de todos modos. Somos buenos para decir y cantar canciones pegadizas como *Me entregué completamente,* pero no podemos ni regalar cosas en nuestro armario a los necesitados.

Judá, líbrate. No son los líderes de alabanza y adoración ni la responsabilidad del minstrel que las personas obtienen lo que necesitan en la adoración. Es un error para los líderes poner este tipo de carga sobre las personas. Nunca fue para el hombre, sino para Dios. No es su responsabilidad traer sus mentes errantes. Eso es religión. La mayoría de las cosas que hacemos en la iglesia es el resultado de un comportamiento aprendido y no buscamos el rostro de Dios. Modelamos las cosas según la mayoría, no la minoría, que es un reflejo del sistema de Saúl, no del orden de David.

Salmistas, libérense. Abrace la canción del Señor y libere canciones proféticas del Cielo. Cuando tu corazón es puro y no sabes nada mejor, eres libre, porque lo que liberaste vino de Dios. Dios me dijo: "Déjame los resultados, Jacques. Simplemente sea obediente." Estamos tan preocupados por la gente que nos responde. Esa no es nuestra responsabilidad. Si no escuchas tu canción favorita cuando yo la alabo, de todos modos no fue para ti y estoy feliz de decepcionarte. Nunca puedes enojarte porque eres un hombre decepcionante cuando eliges agradar a Dios. Si estás complaciendo al hombre, estás disgustando a Dios.

Minstreles, libérense. Deje de preocuparse por si lo que está jugando o si el momento de lo que está jugando es correcto. Todo lo que Dios requiere es que te hagas disponible. Él hará el resto. Él fluirá a través de ti. Si se envía demasiado de ti , Él no puede atravesarlo. Es por eso que, incluso con mi banda profética, no me permito ensayar. Tu ensayo debería ser tu estilo de vida. Tu ensayo debería estar trabajando en tu relación, no en tus chuletas. El problema en todas las áreas del ministerio ha sido la enseñanza incorrecta. Nos han enseñado a agudizar nuestros dones y no nuestro carácter. El que entrega el regalo es perfecto, entonces todo lo que Él da es perfecto. No necesita ningún perfeccionamiento. Tu personaje es lo que necesita ser afilado y perfeccionado. En esto debemos trabajar cuando estemos fuera del escenario. Esta es la razón por la cual las Escrituras claramente declaran, "Los dones y los llamamientos vienen sin arrepentimiento" (Romanos 11:29). No es porque el don deba arrepentirse, es porque vino de Dios y ya estaba perfeccionado. La agudización de su regalo solo genera competencia entre usted y la siguiente persona. Toca a tu vecino y di: "¡Reforma!"

En todas las cosas, cuando Dios te exige que mantengas tu autenticidad, es porque Él te exige ser un creador de tendencias y no un seguidor de la tendencia. La mayoría de las tendencias de hoy no son de Dios. Ninguna persona es igual. Incluso los gemelos idénticos tienen algo diferente sobre ellos. Eso me dice que Dios nunca tuvo la intención de que nos ordenemos a nosotros mismos o nuestros caminos después de otro. Lo único que Él requiere es que orientemos nuestros caminos después de su hijo, que fue hecho carne.

Capítulo Cuatro
El Papel de los Minstreles

La intención bíblica original y el propósito del minstrel era entretener al Rey. Incluso después de la creación, fueron utilizados en la arena carnal para entretener a los reyes. Mientras lo hace, todos los reyes se pueden actualizar. Hay varias cuentas donde Dios creó situaciones para usar el minstrel. Descubrirás que fue por los juglares que los profetas fueron activados. Se usan para perturbar las aguas proféticas y agitar las cosas. Los profetas se beneficiaron de su encuentro con los juglares. Los puso en un nivel completamente diferente. Los minstreles despiertan las aguas proféticas. Los salmistas y los profetas, entonces, interpretan lo que se ha movido.

Los minstreles nunca deben ser controlados por un líder o expedidor. No son el acompañamiento musical personal de uno. Están destinados a seguir la dirección del Espíritu Santo. Si no puede guiarlos y guiarlos musicalmente, ¿cómo los controla? Si no puedes articular algo que tenga lugar en el espíritu, cállate. La mayoría de las veces, los líderes quieren traer un sonido con el que estén familiarizados desde su tiempo privado al ámbito corporativo de la adoración. Esto está fuera de servicio. Un juglar real es generalmente un individuo que Dios ha ungido para dominar las artes de seguir y liderar al mismo tiempo. Debido a que su dotación vino del Espíritu Santo y su relación es con Jesús, no pueden ser controlados. Seguirán a Dios a toda costa y te dejarán de pie con cara de tonto. Un músico solo está motivado por lo que hay en el sobre que se le entrega después de que él o ella juega. Un juglar está motivado por las promesas de Dios, ya sea que les entregues un sobre o no. Pueden funcionar de cualquier manera, sabiendo que Dios es su fuente. Son criaturas que se niegan a comprometerse.

Se supone que los salmistas nunca deben guiar a un juglar

o dictar a dónde se supone que debe ir el juglar porque nunca han estado allí. El juglar recibió la instrucción sobre dónde ir y lo profetiza con sus manos. Hay un pasaje que describe a Eliseo indagando acerca de un minstrel para ayudarlo a escuchar las instrucciones del Señor en nombre de Israel. "Pero ahora tráeme un minstrel. Y aconteció que cuando el juglar tocaba, la mano del Señor vino sobre él. Y él (Eliseo) dijo: Así dice el Señor (2 Reyes 3: 15-16). " Enviaron a buscar el juglar, y mientras él estaba jugando, la dirección fue enviada por el Señor. El minstrel se usa para molestar al agua. Se supone que el salmista solo debe saltar en él, no navegarlo. Ni siquiera los líderes deben hacer esto. Si se pudiera navegar por los juglares, no habría habido ninguna razón para enviar a Judá primero. Incluso en un entorno corporativo, cuando un juglar y salmista están juntos, no es ninguna confusión. Hay armonía cuando cada uno permite que el otro funcione en la capacidad para la que fueron honrados. Es por eso que los salmistas a veces están ahí solos porque huyeron y dejaron al minstrel. Esto está fuera de servicio. Si los juglares están destinados a seguir al salmista, no hay necesidad de que el juglar esté allí. Aquí hay un ejemplo de cómo se ve eso. En la década de los 90, me encontraba con profetas y profetisas que me avergonzaban al decir: "Cambia el flujo" y "Dame música de guerra." Estoy pensando, ¿qué es la música de guerra? Luego, cuando tocas algo, dirán que no es así. Interrumpirían el flujo que Dios nos dio (juglares) para tocar el flujo que querían. Crearon confusión al interrumpir lo que Dios estaba haciendo, exigir su preferencia. Después de la interrupción, el Señor nos devolvió a donde estábamos antes de que nos viéramos afectados por el "regalo famoso." En otro incidente, la misma persona lo volvió a hacer después de conversar con ellos sobre la falta de respeto de cerrar a alguien y hacerlos menos seguro de escuchar al Señor Cuando lo hicieron de nuevo, empaqué mi teclado y me fui. Querían que cambiara la música, así que lo cambié. Minstreles, sepan que no son perros y que no están allí para acomodar "el regalo." Debe haber respeto mutuo por las personas que sirven. No llega a faltarle el respeto a las personas porque tiene un título o un nombre. Ningún hombre o mujer está obligado a ser deshonrado. Ahora, eso es lo que hice. No estoy sugiriendo eso, pero es lo que hice. No voy a tolerarlo. Soy un ministro como tú. Cuando no entiendes el propósito de las personas en sus gracias conceptuales, siempre abusarás de ellas. Si la gente entendiera que de acuerdo con el uso bíblico, Dios amaba tanto a los minstreles que creó situaciones para usarlos. Juegan para Dios. Son para su uso, no tuyo. No son su músico o empleado personal, o para atenderlo. Eso es abuso. De nuevo, cuando no conoces el propósito de una cosa, la abusarás. No es culpa de los salmistas cuando han sido entrenados a través de los ojos de personas que predican el comportamiento aprendido y no la verdad. Solo han seguido el entrenamiento del predicador en su plan establecido, no de Dios.

Los salmistas que no conocen nada mejor no tienen la culpa. Los líderes que saben mejor necesitan enseñar mejor. Enseñar así interrumpe sus reinos y planes y quita el enfoque de ellos, devolviéndolo a Dios. No quieren que sus estructuras sean demolidas. Esta es la razón por la cual muchos líderes luchan contra la adoración profética. Elimina la excusa de: "Deberíamos estar cantando algo que todo el mundo sabe." En realidad, todos conocen a Dios, por lo que deberíamos estar cantando lo que Dios quiere. ¿Qué hay de él? Él es la prioridad en la adoración. Los pastores han dicho: "No quiero este tipo de canciones, porque las personas no participan." Solo porque cantamos canciones que todos conocen, no significa que estés de acuerdo.

Cuando la presencia de Dios llega a través de la adoración, debe exponer quién eres en realidad. No se necesita una bomba o cebado para adorar al Dios que dices que amas. Dios quiere saber cuánto tiempo vamos a cantar sobre nuestras iniquidades? ¿Cuánto tiempo vamos a fabricar una presencia que no tiene nada que ver con Dios? Es solo emoción y baile sobre nuestras emociones. ¿Por qué debería motivarte a adorar a un Dios que te despierta cada mañana? Lo alabas y adoras no por obligación, sino porque lo amas. No lo haces porque tu pastor te lo dijo.

Diversidad de Minstreles

Quiero compartir con ustedes los otros usos de juglares en esta hora. Los minstreles deben ser entrenados para hacer la limpieza de la casa. El Espíritu Santo me entrenó para tomar mi teclado, configurarlo y adorarlo en un hogar que una persona debía comprar, para limpiar los espíritus malignos que residían en el hogar. Los minstreles también deberían hacer esto en la iglesia. El Espíritu Santo me hizo ir dos horas antes de un servicio y jugar en el edificio donde debía ministrar. Me dijo que si podía confiar en mí para jugar delante de él, podría confiar en que no actuaría antes que el hombre. El beneficio de hacer esto es que, sean cuales fueren los espíritus impíos, los sacarás antes del servicio. Eres un juglar para el Rey y tienes la atmósfera lista para prepararte para el Rey. El problema es que no nos preparamos para que el Rey venga. Nos preparamos para el orador invitado por venir.

Minstrel Portador de Armadura

Es un portador de tropa / armadura que le da al expedidor las armas adecuadas para luchar en el momento correcto. A medida que juega el minstrel, él o ella conecta la actividad en el Cielo con el reino de la Tierra. Eso proviene de un estilo de vida consagrado. Los minstreles tienen que prepararse como un predicador que se prepara para predicar un sermón. Lo que está sucediendo en el Espíritu se juega a través del instrumento y los altavoces a las personas. Todas las personas con las que David entró en contacto se beneficiaron de su estilo de vida.

Minstrel Escriba

Este minstrel es aquel que puede tomar las canciones del Señor y refinarlas, organizarlas y convertirlas en canciones de culto corporativo. Este minstrel también puede tomar el arreglo y convertirlo en una canción aprendida. Se necesita una gracia para lograr esto.

Minstrel Apostólico

Hay una diversidad de juglares que son de naturaleza apostólica. Aunque generalmente son apostólicos, no son reconocidos por personas que desean mantenerlos como músicos. Esa forma de deshonor proviene de los celos. Estos juglares son individuos multitalentos. Usualmente tienen el ADN espiritual de David y Jesús. Ambos funcionaban en todos los regalos de cinco, pero no tenían que llamarse ninguno de ellos. Estos juglares pueden hacer todo lo que están llamados a hacer. Los minstreles apostólicos activan personas, envían personas, pastorean personas y empujan a la gente. Este tipo de juglar es uno de los más evangélicos porque su corazón es para las almas. Esta es una imagen de quién Dios me ha hecho. No elegí ser ninguno de estos. Fui elegido. Prefiero estar en las calles evangelizando, en lugar de estar en las cuatro paredes de la iglesia.

Estos son los juglares que Dios está levantando para cambiar todo el clima del Reino, tal como lo conocemos. Se usarán más en las iglesias de las casas que en la iglesia. Nuestras casas de la iglesia son glamorosas. No quieren personas efectivas. Estos juglares también suelen ser atacados por el espíritu y el sistema de Saúl porque lo que llevan es una unción que agrava los espíritus malignos en el Saulo. Cuando te pones en contacto con alguien con el ADN de David, no puedes evitar agravarte. Muchos juglares y músicos no estarán de acuerdo con esto. Está bien; puedes estar en desacuerdo con la verdad, pero sigue siendo la verdad. Deje que Dios sea verdad y que cada hombre sea un mentiroso. Es la Palabra.

Los juglares y salmistas que funcionan como he descrito anteriormente siempre deben tener una fuerte base de intercesoría y rendición de cuentas. Eres un objetivo directo del enemigo. No tenemos personas para enseñar esto. ¿Por qué no serías un objetivo cuando pudieras hacer lo que el enemigo no podía hacer y ser fiel haciéndolo? Él te odia. Es por eso que no puedes tener mezcla en tu vida. Dios no hace nada ilegal y no permite que el enemigo haga algo ilegal. Es por eso que el enemigo hace sugerencias, no comandos. Usted tiene el control, pero si lo sugiere y lo hace, le da acceso al enemigo. Recuerda a los santos, las cosas nunca son difíciles a menos que todavía lo intentes en lugar de hacerlo.

El Misterio del Minstrel

Los minstreles no son bienvenidos en una atmósfera controlada por un sistema Jezebel. El sistema no puede operar en una atmósfera donde hay un flujo puro. Es por eso que la gente siempre dice: "Cambia el flujo", ya que necesitan su propio clima espiritual para funcionar. Vienen y tratan el flujo que lanza un minstrel como "Te lo perdiste" o "Te voy a mostrar algo." Necesitan sentarse. Hacen esto para quitarles la atención, ya que descubre que no están donde deberían estar. Vemos esto en una atmósfera competitiva donde los líderes y / o predicadores se vuelven celosos de los juglares y salmistas porque no pueden hacer lo que los juglares y los salmistas pueden hacer. Sin embargo, los juglares y los salmistas pueden hacer todo lo que hacen los líderes y los predicadores. Esta es la dinámica Davídica y Saúlica. Saúl estaba celoso de David porque podía jugar, cantar y ganar victorias. David cambió a toda la nación con su adoración, no su itinerario. David logró más por su obediencia que Saúl. Lo que hizo que Saúl se enfadara con él es que conocía la suciedad de David, sin embargo, todavía estaba favorecido. Esta es la razón por la cual su pastor no puede entender por qué es tan efectivo, incluso después de las cosas que compartió con ellos en privado.

El minstrel era algo querido para el corazón de Dios. Tanto es así que creó situaciones para usarlas. El espíritu maligno en Saúl, Dios lo puso en Él para que pudiera usar a David para jugarlo. Las características de un minstrel eran que eran astutos, hábiles y estaban llenos del Espíritu de Dios. Su acceso a los portales en el Espíritu proviene de su obediencia, no de su talento. La habilidad no tiene nada que ver con la cantidad de notas que pueden tocar al mismo tiempo. Es su habilidad para ceder y escuchar al Espíritu Santo al mismo tiempo. No se trata de sus acordes o chuletas, sino de cómo viven día a día.

En general, los minstreles son más propensos a ser personas del pacto con la organización o el ministerio para el que juegan. No están rebotando de un lugar a otro para obtener un cheque de pago. Debido a la falta de honor en el cuerpo de Cristo para Judá, los juglares generalmente tienen que tocar en más de un lugar. Esto se debe a que la mayoría de los líderes no creen en pagar el nivel del corazón de su juglar, sino en su talento. Entonces, los juglares se ven obligados a mantener otros medios para ganar dinero (como jugar en otras iglesias). Esto tiende a causar una distracción en su compromiso de pasar tiempo con Dios. David no puso juglares en el salario, compró la tierra para que no tuvieran distracciones y pudieran pasar tiempo con Dios. Escuché que los líderes le dicen a los juglares que busquen un trabajo cuando surge el tema de la necesidad de un aumento. Sin embargo, la demanda le pide al minstrel que pase el 70% de su tiempo en la iglesia, pero solo se les compensa el 30% de su tiempo. Por ignorancia, no deberíamos pedirle a la gente que haga algo que no estamos dispuestos a hacer nosotros mismos.

Un juglar generalmente no puede expresarle cómo Dios los usa. Cada vez que un minstrel se sienta a un teclado, no saben a dónde los lleva Dios o hacia dónde van. Ahora, eso es si Dios realmente los está usando. Entonces, si el Espíritu Santo no le dice al minstrel adónde van, ¿cómo puede un líder o alguien que está acelerando un servicio decirles a dónde ir? Un juglar debe ser libre de seguir al Espíritu Santo. No necesitan ser manipulados por alguien que está tratando de dirigirlos. Los minstreles (hombres o mujeres) ceden sus vasijas y Dios los usa. No saben cómo hacer otra cosa.

Ha sido mi experiencia que los otros dones del ministerio creen saber más acerca de un juglar ' s regalo que lo hacen. Yo he visto i ntercessors trato de decirle juglares qué juegan cuando están orando. I T también ha sido mi experiencia que ntercessors entrar en el servicio de culto después de minstrels, que se encuentran en la prueba de sonido jugar ante el Señor mucho antes de que lleguen los intercesores. Luego aparecen pidiendo música de guerra. Honestamente, la guerra está en tu cabeza, porque llegas tarde. Todavía no he podido descifrar qué es la música de guerra, de todos modos. Hay momentos en que el minstrel está jugando y el intercesor les dice que dejen de jugar. Luego le dicen al juglar más tarde que vuelva a jugar o que no están jugando lo que ellos quieren. Ya sea intencional o involuntariamente, este comportamiento juega con y manipula la capacidad de escuchar del minstrel. Francamente, los juglares se cierran.

He visto predicadores de celebridades que tuvieron un mal día o un mal vuelo y se lo llevaron a los juglares. Luego dicen: "Lo que estabas jugando no era propicio para lo que yo quería hacer." Predicador invitado, lo dijiste a ti mismo. Querías hacer lo que querías hacer, no lo que el Espíritu Santo quiere hacer. El expedidor no manipula a los juglares. Los juglares deben remover las olas en el agua y la gente entra.

Creo firmemente que Dios creó el minstrel para preservar el Cuerpo de Cristo, así como sus cuerpos naturales. Aquí está la ilustración: cuando David jugaba en el suelo y producía, también jugaba en la tierra de la que estábamos formados.

Creo que el juglar se creó para preservar nuestro cuerpo. La razón por la cual nuestros ministerios de liberación no son tan efectivos como podrían ser es que los jóvenes que tocan han estado escuchando música en la arena secular que es demoníaca. Necesitamos juglares llenos del Espíritu que puedan jugar con ellos. He visto demonios de alta tecnología. Debes tener una relación con el Rey para obtener estas cosas. Los bebés se escabullen para escuchar la música demoníaca de hoy. Si no fuera demoníaco, ¿por qué tendrían que escabullirse para escuchar a estos artistas?

Una de las características distintivas de los juglares es sufrir. Son víctimas profesionales, y si ceden ante el Rey, se convertirán en vencedores profesionales. El atributo distintivo en la vida de un juglar es la comprensión de que tienen que prepararse. Un juglar entiende que nada se hace por accidente. Ellos entienden su propósito y hacen las cosas a propósito. Cuando los juglares poseen una vida de oración, nunca deben conocer una vida de pobreza, a menos que sean deshonrados. Es imposible. Es imposible que haya pobreza alrededor de juglares que abren los Cielos y hacen que su esfera de influencia experimente un Cielo abierto. Crean

Cielos abiertos y deben experimentar un Cielo abierto en cada área de sus vidas.

Frecuencias

La música es lo único que no necesita permiso o permiso para ir al suelo. Es una frecuencia. Piénsalo; nos han forzado el sonido en nuestras radios o entornos, nos guste o no. Viene a través del altavoz. Es por eso que, como apóstol de las artes divinas, cuando entro en una iglesia, puedo escuchar detalles de lo que está sucediendo en la iglesia a través del sonido en los altavoces. Cuando los líderes se quejan de muchas cosas, la fuente suele ser la música. Aquí es donde generalmente comienza. No hay forma de que puedas sentarte bajo la adoración pura y no ser afectado por ella. Ni siquiera puedes sentarte debajo de lo que está sucio y no ser afectado por eso. Las frecuencias están a nuestro alrededor. Cualquiera sea la frecuencia que tengas a tu alrededor, respondes. El pecado es una frecuencia. Afecta cómo gastas tu dinero. La música se usa en la tienda de comestibles para que compres lo que no deberías comprar.

El propósito de ungir a los juglares de Dios es ayudar a la iglesia a tener (y permanecer) la frecuencia correcta para escucharlo. Los minstreles ponen a la iglesia en la frecuencia para escucharlo y diferenciarse de la voz de la humanidad. Dios usó los juglares para provocar oír y hablar a través de Sus profetas, no para predicar un mensaje. En lugar de permitir que esto suceda en nuestras iglesias, lo cerramos porque los líderes y los programas no pueden controlarlo.

Soy un firme creyente de que si proclamamos ser el Reino y no solo la iglesia, debemos operar en una estructura real. Con esto quiero decir, los juglares y los salmistas deben ser impartidos y las manos puestas sobre ellos para identificar su función en el Reino. Deben ser identificados y efectivamente criados. Esto eliminará el espíritu mercenario y eliminará a una persona en su ministerio de música cuyo único compromiso es con el dólar.

Judá está construido según una estructura real. Los Reales no deciden qué serán, se deciden por ellos. Si usted es un profeta, un salmista y / o un minstrel, sus padres (naturales y espirituales) deberían invertir en usted de niño y bendecirlo también en esa función. Deben otorgarles honor en sus llamamientos de realeza. Es un hecho comprobado que cualquier persona que viva deshonrada por un período de tiempo puede estar abierta a la enfermedad. He experimentado esto en mi propia vida. Como un minstrel, fui deshonrado. Tener una relación más cercana con Dios hizo que buscara en él elogios porque no los estaba obteniendo de los demás. Mi inocencia es lo que salvó mi vida. No sabía nada mejor y no era lo suficientemente inteligente como para saber que estaba siendo deshonrado; Solo quería a Dios Es por eso que uno de los atributos de un minstrel es que no son personas con un comportamiento aprendido. Ellos nunca se dan cuenta del comportamiento de los demás ni siguen el patrón después de él. Se destacan por ser raros. Los sonidos que producen son auténticos. David fue y mantuvo su autenticidad. Él se aseguró de que los que lo rodeaban mantuvieran su autenticidad también.

Debe haber algún tipo de respeto por un músico jefe que se establece en un lugar o región. Cuando ingreso a una jurisdicción, le pregunto al músico en jefe si está bien si ministre. Es aconsejable poner honor en ellos para que no haya impedimentos y puedas jugar libremente. Honro a la persona por la música preguntando si está bien que ministre en el área en la que se les ha otorgado jurisdicción. Elimina el contragolpe y las represalias porque estás cumpliendo con el regalo establecido. Promulgar el sistema de honor. Del mismo modo, cuando te llevan a un lugar, honras a una región.

Tél Sonido Dios está Requiriendo

Estoy seguro de que muchos de ustedes escuchan muchos obsequios ministeriales que dicen que escuchan un sonido particular. Eso es un mito. Si se produjo un sonido en particular debido a su origen étnico, entonces ¿por qué hay diversidad en el Cielo? Muchos de nosotros llegaremos al Cielo y nos sentiremos decepcionados al descubrir que la música en el Cielo no se adapta a nuestra etnia. El sonido que Dios está requiriendo es la condición de tu corazón. Eso es lo que crea el sonido que Dios está buscando. El hombre está buscando un sonido que sea más como su preferencia. Dios requiere que le cantemos una nueva canción. Es un sonido que ninguno de nosotros ha escuchado, pero lo escuchó porque lo creó. Nuestra inclinación es gravitar hacia nuestra preferencia. Cuando nos reunimos, se supone que debemos cantar lo que Dios quiere escuchar. La Escritura dice: "Cantad al Señor un canto nuevo" (Salmo 96: 1). Somos muy tercos; hacemos excusas para hacer lo que queremos. Culpamos a la congregación y decimos que quieren canciones que les son familiares. Si dicen eso (lo que no creo que hagan), necesitan que se les enseñe correctamente tanto como necesitamos gobernarnos para adherirnos a lo que Dios quiere. Él quiere que le entonen nuevas canciones. Tenemos más confianza en el mundo y lo que está haciendo la arena del Evangelio que lo que Dios está haciendo. Tratamos a Dios y a la Biblia como un menú. Tomamos solo lo que queremos.

Los Minstreles se Conectan con los Reinos

A menudo tropecé con muchos obsequios ministeriales que tenían poca o ninguna comprensión de los reinos a los que los minstreles recurren. No entienden y sinceramente no lo entendemos, hasta que lo vivamos. Hay innumerables encuentros de avivamientos sobrenaturales que han tenido lugar en Estados Unidos donde codiciosos hombres de Dios han capitalizado los equipos de alabanza y adoración y los juglares que han intervenido en los portales. Los líderes eran codiciosos, en que se atribuyeron los portales abiertos por salmistas y juglares, y mantuvieron los avivamientos para recaudar el dinero. Nunca dieron crédito al acceso que tienen los salmistas y juglares para producir estos portales y, a su vez, liberar el avivamiento.

Cuando David jugó para que Saúl fuera relevado del espíritu maligno, Dios se movió a través de las manos de David sobre su instrumento. El minstrel hace que la mano de Dios se mueva. En el encuentro de David con Saúl, Dios puso sus manos directamente sobre Saúl. Esto es lo que hace el minstrel, él o ella mueve la mano de Dios. En mi experiencia, cada vez que algo de esa magnitud estaba a punto de suceder, algún líder lo cerró, porque no lo entendieron. Me han acusado de cambiar el servicio porque el líder no tiene control. Nadie debería tener control en el servicio del Señor. Mentimos y le decimos a Dios, "Dios se salga con la suya." Entonces, cuando lo haga, lo culparemos al minstrel. Dios estaba saliéndose con la suya, pero tú la cerraste. La belleza de estar en la frecuencia correcta y el funcionamiento bíblico es obtener los resultados correctos. Es por eso que necesitamos más personas para enseñar y activar a las personas en estas cosas. Todos deben ser enseñados, no segregados. A menudo tenemos privadas de sesión s enseñadas en sonido, reinos acceso, profética de baile, o banderas. Sin embargo, la congregación no sabe lo que se enseña y nunca ha escuchado estos principios. Necesitan que se les enseñe junto con Judá. A Judá se lo trata como un mensaje de la Escuela Dominical, ya que no se lo predica desde el púlpito, sino que se lo confina a un aula privada. No es priorizado.

Como iglesia, me entristece que no valoremos el don ministerial de los juglares. Los músicos son hábiles para tocar lo que les pides que toquen, pero los juglares tienen la capacidad de llevarlo más allá de eso. Puedo demostrar este punto en la arena secular, solo. Prince, Michael Jackson, R. Kelly y Beyoncé se destacaron en formas que muchos otros músicos hábiles no han tenido. De hecho, se suponía que debían ser líderes de adoración. Han tenido / tenido carisma automático desde el nacimiento. La mayoría de las personas que están vendidas a Dios son atacadas y marcadas por la pobreza. Sin embargo, en el ámbito secular, a los que están agotados se les dan riquezas. El enemigo quiere que los que están vendidos a Dios se comprometan. El engaño es esto; él quiere que vengas al mundo para obtener algo que tu Padre ya posee. Eso es al revés. No necesito nada si tengo que hacerlo de esa manera. Digo todo el tiempo: "¿Cómo puede el diablo ofrecerme algo que mi padre ya posee?" Los cantantes y los músicos siempre se enamoran de eso. Satanás cuelga esas cosas en tu cara. Con demasiada frecuencia luchamos para esperar a que Dios nos lo entregue porque lleva más tiempo de lo que queremos esperar. Dios conoce tu futuro y lo que viene, y Él sabe tu falta de voluntad para rendirte. En mis primeros días, había cosas que no conocía porque no estaba dispuesto a rendirme a Dios. No le estaba dando gloria. Estaba muy feliz de tomar el crédito por las cosas que le pertenecían. Quería escuchar *mi* nombre alabado. Quería escuchar a la gente animarme. Entonces me restringió de reinos y acceso porque sabía que me mataría. Literalmente habría perdido mi vida. Esto me enseñó que puedes ser usado por Dios y no ser un hijo. Para todos los teólogos que quieren una prueba de esa declaración; Dios usa el diablo. Basta de charla. Como un minstrel, decidí que no era suficiente para ser usado por Dios. Quiero ser un hijo.

Minstrel Versus Mercenario

Un espíritu mercenario nunca quiere estar en pacto con nadie, porque quiere ser libre para jugar donde aparezca el mejor postor. Nunca son fieles porque alguien podría venir y ofrecer más dinero y se irían. Por lo general, ni siquiera dan un aviso. Ellos no son fieles. Por el contrario, un minstrel permanecerá donde creen que pueden construir. Usualmente son guiados por el Espíritu Santo en todo lo que hacen. El conflicto entra porque no son principiantes para las cosas espirituales. David, como minstrel, benefició a diferentes líderes debido a su relación con Dios. Hoy en día, la mayoría de los líderes no piensan que pueden beneficiarse de alguien que no tiene una iglesia o alguien a quien no ven como su igual. A veces, lo que provocó celos en mi vida fue que podía hacer todo lo que mi pastor podía hacer, pero no podían hacer lo que tenía el don de hacer. En lugar de aceptar que yo estaba allí para ayudar, que permitieron que su celosa y tratar de mí suprimir. Esta fue la dinámica de David y Saúl en el trabajo de nuevo. La mayoría de las personas que operan a partir de una dinámica de Saul no se dan cuenta de que lo están haciendo; simplemente lo hacen como una reacción a lo que los intimida. Una de las indicaciones de que esto es lo que está operando es que el que te encargó que hagas algo es el mismo que está detrás de ti para sabotearte en esa misma posición. Es una locura, pero es real. En un ministerio en el que serví, yo era el único minstrel que no tenía sueldo. Tienes que decidir qué vas a ser. Cuando era músico y cantante, me motivó el sobre que recibí al final de mi concierto. Ahora, estoy motivado por las promesas de Dios, donde entro en Su presencia y obtengo lo que necesito.

Entiendo que un asalariado es un asalariado. He estado en ambos lados de la valla. Los asalariados no pagan nada a la casa. Eso es estúpido para ellos. Su mentalidad es: "¿Por qué darle el 10% de lo que me debe?" El fruto de un asalariado es que no pueden quedarse quietos. Nunca se quedan en el santuario por la Palabra, porque no tienen ninguna en ellos. Por lo general, se van cuando el predicador termina de predicar, para pasar al siguiente servicio. No pueden ser pacto. ¿No dice la Biblia que el sembrador siembra la Palabra (Marcos 4:14)?

La gente me pidió que les diera lecciones. No soy músico Los músicos dan lecciones. Los minstreles dan impartations. No puedo enseñarte cómo jugar, pero puedo impartir sobrenaturalmente la gracia para jugar. Cuando recibí mi impartición, a la edad de 5 años, me senté y probé mi impartición. Toqué una canción en particular en un disco de 45, una y otra vez hasta que pude imitarla. Le dije a Dios: "Si me enseñas a jugar, siempre te daré la gloria por ello." Reconocí que era diferente. B ebido a mi fondo de la pobreza, nunca he tenido mi propio teclado. Siempre tuve que tocar el teclado de otra persona. No tenía mi propio teclado hasta los 35 años. Cada banda en la que toqué (aunque me preferían a otros tecladistas) me sacó de la banda porque no tenía mi propio teclado. He sido rechazado toda mi vida. Incluso fui rechazado porque no sabía cómo leer música en estas bandas. El Espíritu de Dios me hizo jugar. Entonces, cuando jugué lo que estaban jugando sin la capacidad de leer a primera vista, no sabían cómo manejarme. En la configuración de la iglesia, me despidieron de puestos porque no sabía canciones populares. Hoy, todavía no sé canciones populares. Solo sé las canciones que Dios me descarga.

Capítulo Cinco
El Papel de los Salmistas

Psalmistas son conocidos por muchos nombres diferentes, pero normalmente los etiquetamos " líderes de alabanza y adoración." Cualquiera que sea el título, por lo general son la misma persona con la misma tarea: dirigir un cuerpo corporativo de creyentes en la adoración. El papel de un salmista es la imagen perfecta de cómo se ve el surf. La ley del surf es permanecer dentro de la ola para que no te maten. Usted atrapa la ola; no haces la ola. Wuando el salmista pasos fuera de servicio y los intentos de hacer la ola antes de que el juglar, que suena y crea confusión. Entonces el minstrel se queda buscando dónde está el salmista. Esto está fuera de servicio. El problema en nuestro servicio de alabanza y adoración es que nunca le preguntamos al Señor sobre la actividad que está teniendo lugar en el Cielo. Comenzamos nuestros propios servicios y lista de canciones, nunca le preguntamos a Dios dónde se mueve el Espíritu Santo. Es fundamental pedir unirse al flujo del Cielo, en lugar de crear tu propio flujo. Es por eso que lleva mucho tiempo entrar en el flujo. Se supone que los minstreles simplemente entran y juegan, esperando que Dios los cambie al flujo que está teniendo lugar en el Cielo. Esto se llama hacer tapping en el río que ya fluye. Una vez que esto ocurre, los salmistas entran e interpretan vocalmente lo que se toca a mano. La mano de un minstrel simboliza las palabras. Cuando el minstrel es ungido, puedes escuchar las palabras. El salmista canta la interpretación. Ellos no cantan fuera del flujo del Espíritu. En nuestra cultura, no nos sentamos y esperamos en su presencia a escuchar el flujo. Tristemente, es una representación de nuestra vida personal de oración. Siempre estamos hablando, en lugar de escuchar. Cuando terminemos de enumerar lo que necesitamos, nos habremos ido. Tienes cosas que hacer. Como pueblo, queremos controlar. Decimos:

"El Espíritu Santo toma el control", luego lo retiramos. Queremos que Él tome el control de nuestros términos, no de los suyos.

Mitos Sobre los Salmistas

Hay un mito que plaga a los salmistas. El mito es que el papel de los salmistas es "llevarnos adentro." Permítanme aclarar esto. No es su papel llevarte "adentro" para obtener tu gran avance. La responsabilidad recae en el Espíritu Santo para hacer este trabajo. Asegure una relación con el Señor en casa. Si no puede permitir que el Espíritu Santo lo guíe en la oración, ¿cómo va a ceder a lo que estoy haciendo en las vidas de otras personas? David pudo hacer lo que hizo basándose en su relación con Dios, no en su nivel de habilidad. Se trata de una relación.

Lo que se destaca en el elogio y la adoración hoy es todo acerca de la habilidad. La gente afila las habilidades, no el carácter, a puertas cerradas. Debido a la naturaleza de la audiencia, las personas pueden salirse con la suya sin tener carácter. Quieren entretenerse por lo bueno que eres. Las iglesias reclutan basándose en el más alto nivel de habilidad y talento. Quieren que suenen perfectos para *ellos*, no para Dios. En esencia, la iglesia ha sido embaucada con confusión de lo que suena bien, con lo que está ungido. Uno no tiene nada que ver con el otro. Lo que los salmistas hacen en el escenario debe ser una extensión de lo que hacen en casa en su relación personal con Dios. No deberían ser dos personas diferentes. Vemos todo lo contrario, todo el tiempo. La mayoría de las personas no pueden hacer lo que hacen en el escenario, en casa. No tienen gente para hacerlo delante. En esencia, están siendo motivados por la multitud, no por la nube.

Igualmente, la congregación tiene la responsabilidad de tener una relación con el espíritu de Dios. El líder de adoración no debe ser la única persona en el culto corporativo con una relación con el Espíritu de Dios. En lugar de criticar el culto que tiene lugar porque no es tu favorito, obtén un acuerdo y unificado con los juglares y salmistas para adorar a Dios. Usted puede estar preguntando: "¿Cómo podemos sinceramente llegar a un acuerdo? "¿Qué pasa si la persona no es salva?" Si todos los salvos están de acuerdo y el amor fluye, la Biblia dice que todos serán atraídos y responderán al amor que ven (Juan 13:35). Todos podemos responder genuinamente al Espíritu Santo.

Otro mito afirma que se supone que el líder de adoración debe ser alguien carismático y exagerado. Queremos que la gente nos hype como si estuviéramos en un espectáculo o concierto. Las expectativas poco realistas también afirman que deben llevarnos a algún lado. La única responsabilidad es que estén obligados a ir adonde se supone que deben ir los demás. Una vez más, si el líder de adoración no va a ninguna parte, ¿cómo pueden liderar la congregación? Psalmistas, canta la canción y deja de ser un narrador. No des instrucciones ni exageres a las personas. Esta es la razón por la cual los líderes de adoración han aumentado vidas. Están tratando de hacer más de lo que se supone que deben hacer. Estás fuera de tu jurisdicción si tratas de encarnar al minstrel y al Espíritu Santo. Está tratando de crear el flujo, atraer a la gente y tomar el crédito por hacerlo con éxito. Lo que es un verdadero éxito para nosotros, puede que ni siquiera sea el éxito que Dios estaba tratando de lograr. Conseguir nuestra carne satisfecha no es un éxito. El éxito está cambiando vidas debido a su encuentro con la presencia de Dios. Tenemos la tarea de crear un clima espiritual donde Jesús pueda venir en medio de nosotros. Cuando esto sucede, nadie se irá de la misma manera que ellos vinieron. Esta es la razón por la cual el líder de adoración no debería hacerlo todo. Somos un cuerpo dotado para trabajar en armonía juntos. Estás agotado porque no dejarás que nadie haga nada. ¿De qué sirve tener un equipo de elogio si el líder de adoración lo está haciendo todo? Esta es la inclinación de un cantante principal para una banda. Un líder de adoración no tiene que sobresalir con un micrófono. ¿Por qué no te paras juntos? Necesitas que el demonio DIVA te eche si estás tratando de ser visto.

El Espíritu Santo cambia, no nosotros. Además, Dios estableció el apoyo a través del regalo y el apoyo de un minstrel. Cada declaración hecha en Salmos fue acompañada por un minstrel. Dios sabía que el uso del minstrel es protección para tu cuerpo. Puso el espíritu del mal en Saúl, para crear la oportunidad de usar un minstrel. Usó a David, que era el único hombre al que se dirigía, que estaba detrás de su propio corazón. ¿Porqué es eso? No tenía nada que ver con la vida, los errores o los pecados de David, sino el hecho de que David lo obedecería a toda costa. Obediencia simple a toda costa, esto es verdadera adoración. Esta es la dinámica que falta en nuestra iglesia.

A pesar de los errores de un individuo, los líderes no tienen derecho a decirle al minstrel y al salmista que sigan al Espíritu Santo, pero luego cambias el guión, queriendo que te sigan. Les estás enseñando obediencia, pero desobediencia a Dios. Los confundiste con lealtad al hombre versus obediencia a Dios. Eso es pura confusión. Por naturaleza, tendemos a rechazar algo que nos es extraño. Tenemos un mito erróneo de que los líderes no pueden ser corregidos. Eso ni siquiera es biclical. ¿Entonces porque tiene un título, la Palabra no se aplica a usted? Su título no lo excusa de la Palabra. No puede vencer a sus miembros y personal con la Palabra, y luego rechazar la Palabra por usted mismo. No funciona de esa manera. Como líder y apóstol, sé que estoy sujeto a la Palabra antes de que pueda esperar que alguien más esté.

Psalmistas, revisen la postura de su corazón. ¿Qué te motiva? ¿Por qué sientes que es tu responsabilidad mover a la multitud? Quédate para permitir que el Espíritu Santo te guíe. No hagas ajustes para apaciguar a la multitud, porque eso es lo que hará que bajes. Libera lo que escuchas, incluso si la multitud no dice nada. Debes mantenerte concentrado en lo que Dios te dijo que hicieras, sabiendo que obtendrás el resultado final. Algunos salmistas ni siquiera le preguntan a Dios qué quiere escuchar porque les preocupa lo que la gente quiere escuchar. La gente es voluble Siempre te apartarás de lo que Dios quiere al mirar a la gente. Siempre caerás en lo que la gente quiere. Este es el espíritu de Saúl. Saúl fue la elección del pueblo, pero David fue la elección de Dios. Tan pronto como desobedeces a Dios, las personas se dirigen a la siguiente persona. El salmista fue creado para traer gloria a Dios, no a la gente. Sin embargo, nuestros líderes están tan ocupados tratando de complacer a las personas que no se enfocan en agradar a Dios. La iglesia es fácil de usar para las personas, pero no accesible para Dios. Preparamos más para el orador invitado que el Rey de Reyes y el Señor del Señor. Nos preparamos para un hombre o una mujer con 2-3 libros publicados, para honrar nuestro escenario. Hay algo mal con esto Ni siquiera somos leales. Perdemos servicios hasta que nuestra persona favorita viene a predicar. Dios está levantando algo CRUDO (verdaderos adoradores auténticos).

Estarás decepcionado con la llegada de estos adoradores crudos porque su adoración no es para ti. Para ellos, siempre ha sido para el Rey de Reyes, de todos modos.

Estoy exponiendo esto debido a lo indocto. No quieren lidiar con los conflictos de agenda que involucran el problema real. Tristemente, el verdadero problema es que la adoración no es importante para los líderes de hoy. Los líderes rechazan cualquier cosa que interrumpa su flujo de efectivo. Se dan cuenta de que un estándar de santidad hará que muchas personas no se den la vuelta. No puedes tener un mega desastre y santidad al mismo tiempo.

Honor en Judá

Algo que sucede mucho en Judah es que las personas obtienen su posición o función basada en las espaldas de los demás. Nunca debes hacer esto para obtener lo que quieres. Lo que siembras, definitivamente cosecharás. Es un lugar peligroso para desacreditar a alguien antes que usted para obtener su puesto. A lo largo de los años, he visto a líderes quejarse acerca del líder de adoración al pastor, con la esperanza de obtener el puesto. Cuando te dan el puesto, después de desacreditar a la persona anterior, estás fuera de servicio. Descubrirá que ahora no obtiene la cooperación del equipo porque ha sembrado la semilla del descrédito. Usted cosechará lo que ha sembrado. Esto proviene de cómo hemos sido condicionados en el mundo de la iglesia. En lugar de participar en la adoración, todo el equipo está criticando. Comparamos lo que nos impresionó con lo que Dios nos ha bendecido. Queremos que nuestro equipo parezca con quien estamos impresionados. Luego los obligamos a ajustarse al estándar que deseamos escuchar y a criticarlo porque queremos escuchar eso. Dios puede amar lo que tu equipo de adoración está dando. Nuestro nivel de amor es tan bajo que no podemos amar los dones con los que Dios ha bendecido nuestras vidas. En esencia, le decimos a Dios: "No aprecio los regalos que nos enviaste." Estamos diciendo que queremos a alguien con más talento y alguien que nos haga sentir lo suficientemente bien como para apaciguar nuestra carne. No queremos la pureza; queremos talento Queremos que la iglesia tenga la mejor banda y cantantes. Lo etiquetamos como "un deseo de operar en el espíritu de excelencia." Eso no es verdad. Lo que realmente queremos es competir con la otra iglesia para garantizar que tengamos lo mejor de lo mejor. No quieres a la persona que solo conoce dos acordes y ama a Dios. ¿Por qué nuestra iglesia celebra audiciones en lugar de entrevistas? Las entrevistas te dicen la condición del corazón. Las audiciones son mundanas. La condición del corazón produce el sonido que Dios está buscando. Su pastor está buscando quién suena mejor y tiene más talento. Es por eso que nuestras iglesias tienen la tasa de rotación más alta porque la iglesia está tratando de obtener el mejor MD (director musical) para producir el sonido que desea. Nosotros pagaremos cualquier precio para competir y obtener lo mejor de nuestra iglesia. Sin embargo, la persona con buen corazón, ni siquiera les dará una oportunidad. En esencia, no somos mejores que el mundo. "Un espíritu de excelencia" ni siquiera es bíblico. Adoptamos conceptos mundanos para agregar lo que queremos.

Wuando reunió a un grupo de alabanza, he usado todos los amantes del inadaptados. Reuní gente que tenía reputación de ser un alborotador, menos talentoso y rechazado, a propósito. La administración de la Iglesia me prohibió enfocarme en lo mejor de lo mejor. Me dijeron que no podía usar a nadie de los otros equipos de alabanza. Sin embargo, mi objetivo nunca fue utilizarlos de todos modos. Pensaron que me estaban preparando para fracasar. No sabían que esas personas atacadas eran más como Jesús. Tuvimos un sonido diferente al de cualquier otro equipo. Su talento era insatisfactorio, pero su sonido era perfecto, debido a sus corazones. Muchos de ellos no fueron considerados cantantes. No quería cantantes; Yo quería adoradores. Solía llevarlos a mi casa, cocinar para ellos y tener comunión con ellos. Nos conocimos, fuera de la iglesia y no hablamos de nada relacionado con la iglesia. Descubres quiénes son las personas cuando las traes a un lugar donde puedan ser ellas mismas. El propósito de tener comunión con las personas con las que ministras es cuando el espíritu de división interrumpe tu unidad, ya conoces el carácter de esa persona a través del compañerismo, para que no te ataquen al ofenderse al ofenderse. . Si los conoces por el espíritu (porque has estado en comunión), atacarás el espíritu de división que los ataca, porque conoces la verdadera naturaleza de la persona que trabaja contigo. Cuando nuestro equipo adoró, le dimos a la multitud una extensión de nuestro amor y compañerismo juntos. No dimos nada falso. No requirí que los juglares aprendieran canciones, les pedí que vivieran santas. Cuando nos unimos para adorar, el Espíritu Santo orquestó nuestro sonido.

Es por eso que esperé tanto para lanzar este libro. Todos los que compartí estas revelaciones intentaron escribir algo antes que yo. No me preocupaba porque pueden escribirlo, pero no pueden vivirlo. Ya he vivido estos capítulos. Nunca decidí ser un apóstol de las artes divinas, lo descubrí después de hacer el trabajo. El apóstol de las artes divinas me eligió a mí; Yo no lo elegí Después de haber sido criado como PK (hijo del predicador), ni siquiera quería ser ministro.

Para el líder de alabanza y el salmista, si la gente no se lleva contigo, ¿qué diferencia hace? Su tiempo de adoración corporativo debe ser una extensión de su tiempo privado de adoración en casa. La congregación no está contigo cuando estás adorando. Entonces, no hay diferencia. ¿Qué diferencia hace si no te llegas corporativamente? La gente debería ver tu relación, no tu talento. El hecho de que te importe y te moleste cuando no te acompañan es una trampa del enemigo. El propósito de la configuración es hacer que operes como él. Lucifer todavía quiere ser como Dios. Él quiere establecerte para asumir la responsabilidad que solo le pertenece a Dios. Eso está muy por encima de tu grado de pago. Ese es el espíritu de Lucifer que se levanta. Si alguna vez escuchaste o dijiste: "Hoy iré a buscarlos", ese es el espíritu al que me refiero. No, esa persona necesita s para sentarse y levantarse de la forma. Si ellos eran inteligentes, que se obtienen fuera del camino y permitir que Dios trate con su corazón.

Para el líder de alabanza que ha sido derrotado, debido a las preferencias de los hombres, solo debes saber que, en primer lugar, fuiste culpado por algo que nunca fue tu responsabilidad. Es más fácil para el pastor sospechar que usted tiene la culpa, que asumir la responsabilidad de su ignorancia. Cuando la adoración no va bien, el pastor te culpará. El líder de adoración a menudo está preparado para el otoño. La ignorancia proviene de la falta de comprensión de la iglesia con respecto a sus responsabilidades en el culto corporativo. Es una responsabilidad corporativa y unificada, no solo el equipo de alabanza y la responsabilidad del líder de adoración. Traemos otros especialistas para enseñar toda esta otra pelusa: reino, profecía, sueños, finanzas, etc. Sin embargo, no traeremos un especialista para enseñar sobre la adoración. No preparamos a las personas para funcionar en los Cielos como si no fuéramos a ir. Sin embargo, los preparamos para conferencias. Todo lo que haremos es adorar 24/7, por la eternidad.

Dios Quiere Adoración Pura

El primero será el último y el último será el primero. La pureza de la adoración fue lo último en la agenda de la iglesia. Dios lo está poniendo a la vanguardia porque esto es lo que Él quiere. Cuando se te llama a las artes de adoración, enfrenta batallas totalmente diferentes al creyente promedio. La persecución es exprimir la adoración pura de ti. Hasta que llegues al lugar donde darás a Dios la adoración pura, a pesar de tu circunstancia, enfrentarás persecución. Dios está aprovechando su inversión en ti. Piensa en todos los años que te acaban de pasar. Algunas cosas que Dios no solo nos da porque Él quiere más adoración. Con más tiempo viene más adoración. Dios sabe lo que viene y lo que necesitas para sostenerte.

Hay un mito que me gustaría abordar acerca de traer a Dios el sacrificio de la alabanza. Si estás en un país donde tienes prohibido adorar a Dios, sabes el sacrificio que enfrentas si te atrapan. Esa es la personificación del sacrificio. Este sacrificio de alabanza que cantamos y hablamos de vivir en los Estados Unidos de América es una broma en comparación con lo que experimentan algunos de los cuerpos. Algunos de nosotros no sacrificaremos el sueño para salir de la cama y asistir al culto corporativo. Si lo hacemos, tenemos que ser sobornados para levantar nuestras manos y participar.

Elegir Líderes de Adoración

Necesito exponer el error que tiene lugar al elegir líderes de adoración. A menudo, los pastores eligen personas que se acomodan a sus necesidades, no a las de Dios. Eligen a alguien que pueden controlar. Más que nada, no eligen a alguien que pueda llevarlos a donde Dios quiere que vayan. Este es un gran peligro. Las personas que tienen un aceite davídico en sus vidas son rechazados. No pueden ayudarse a sí mismos. No están tratando de complacer a la gente. Ellos solo están buscando el corazón del Padre. Sí, *son* desafiantes, pero es comprensible, ya que prefieren obedecer a Dios antes que obedecerte.

Durante años, debido a la unción en mi vida, me llamaron renegado. Debido a que los ambientes ungidos cambiaron, los líderes dijeron que incursioné en brujería y que era un brujo. Ese es el fruto de Jesús porque todo lo que es verdaderamente de Dios es generalmente rechazado como lo fue Cristo. Recuerde, los fariseos acusaron a Jesús de sanidad por obra de Beelzebú (Lucas 11:15). Si los resultados te asustan, debes abordarlo con Dios. El Padre me advirtió que si fuera algo como Jesús o David, sería despreciado y no debería sorprenderme.

Capítulo Seis

El David y Saul Dinámica

David amaba a Saúl en gran manera y se negó a tocarlo, incluso después de que Saúl hizo varios intentos contra la vida de David. Líderes que operan en este sistema siempre tienen una excusa de por qué tratan a los de David en su vida de una manera determinada. Sienten y dicen cosas como: "Se les paga más que a mí, no hacen tanto trabajo como yo. "Dan excusas por qué tratan a Judá de la manera en que lo hacen. La razón por la que ponen excusas es porque no quieren admitir que están equivocados. Incluso escribiendo este libro y mi tarea de señalar lo que está mal, habrá alguien acusándome de ser negativo. Comprenda que he estado en ambos lados del espectro. He sido ministro y luego progresé para convertirme en apóstol, lo que prueba mi validez. Viví todas las experiencias que he mencionado y luego las puse en este libro. He estado en ambos lados de la valla. Cuando hablo en contra de algo para restaurar el orden en esa área, es porque Dios me corrigió en esa área y me encargó la tarea de traer revelación al Cuerpo. Tenemos la responsabilidad de obtener nuestra instrucción de Dios. Si todos obtuviéramos nuestros diseños de Dios, no necesariamente se verían de manera similar, pero los resultados sí lo serían. Las instrucciones de todos no son necesariamente las mismas porque nos creó diversos. Ahora, si nuestros resultados son cero o ninguno, falta algo. El método tiene que cambiar. Esta es la razón por la cual la reforma es tan importante. Líderes, esta es también la razón por la que está obligado a usar su autoridad con cuidado. Se podría causar un retraso y el dolor en las personas cuando todo lo que tenía que hacer era tomar que ir d en lugar de abrir la boca contra la gente que no entienda. El sistema de Saul cubre fallas y está enraizado en la desobediencia. Dios te ha incitado a honrar a los más pequeños, pero solo quieres honrar a aquellos que te agradan. El pueblo davídico pone honor en honor al honor, no en el que lo atiende. El sistema de Saul pone honor a la gente que les gusta. Tristemente, si a los líderes no les gustas, no estás recibiendo honor. Creo que el honor debe basarse en su merito y aumentarlo, no en la popularidad. Una vez más, el sistema de Saulo funciona a elección de las personas, no a elección de Dios. Escuché a la gente decir: "Me gusta; siempre tiene algo bueno que decir ." Sin embargo, quien viene con la corrección, a nadie le gusta y trata de callarlos y cerrarlos.

El liderazgo torcido lleva a lugares de distorsión y sistemas que están fuera de la frecuencia de Dios. No permitas que un sistema torcido te saque de la casilla que Dios te ha ordenado dominar.

Lo que debes hacer es cambiar tu enfoque. Recuerde que la alabanza y la adoración son para Él, no para usted. El dolor y la bendición de ser rechazado por las personas pueden hacer que te concentres en el propósito para el que estás haciendo lo que estás haciendo. El rechazo viene con la tarea de destruir tu pasión y tu impulso por hacer lo que Dios te llamó a hacer. Cualquier cosa que Dios quiera decir, Él puede decir a través de la canción. Es por eso que Él quiere una nueva canción. Está tratando de hacer que se escuche su voz, razón por la cual la adoración profética es tan importante. En una verdadera casa profética, encontrarás que Dios usualmente no usa lo que has estudiado para tu sermón. Le está dando a la gente lo que sabe, no lo que necesita. Lo mismo aplica a Judá. Necesitamos estar cantando para liberar lo que la gente necesita, no lo que sabemos. Cuando cantas la misma canción popular, lanza el mismo maná redundante. Sin embargo, una nueva canción se basa en el tiempo que has pasado con Él a lo largo de la semana. Él respira de nuevo. Pero cuando le das a Él solo lo que quieres escuchar, solo te escuchas a ti mismo. Ya es suficientemente malo que solo le des un tiempo limitado para que lo escuchen.

El Sistema de Saúl

Este sistema de Saúl suele ser la imagen de cómo la mayoría de nuestras iglesias están establecidas. Saul fue la elección del pueblo. Por lo tanto, si su iglesia se basa en un sistema Saúl, las personas obtienen lo que quieren, no lo que

Dios está requiriendo. El coro o equipo de alabanza canta canciones que les gustan a ellos o al pastor. Ese es un sistema de Saul. De hecho, ese pastor probablemente fue votado porque eso es lo que la gente quería. Cuando la gente lo vota, también pueden expulsarlo, cuando no hace lo que quiere. El pastor controlado por un sistema Saúl no permitirá que se prediquen ciertos sermones. Predicarán lo que hace feliz al pueblo, no abordar ciertos pecados y definitivamente no mencionar la santidad. Él o ella no quiere insultar a las personas que dan más. Este líder hace lo que tiene que hacer para que la gente sea feliz, pero no efectiva. Saúl solo representó 1000 victorias. David, por otro lado, representó decenas de miles de victorias. A David no le importó si algo no era de Dios; él lo mató. David nunca fue la elección del pueblo; él fue la elección de Dios. Eso fue probado con él siendo ungido como rey. Samuel vino a buscar al nuevo rey, mirando a través de sus hermanos (I Samuel 16: 1-11). En estos días, los hijos de Jesse habrían sido las personas que pasaron por todas las clases necesarias para ser elevados en nuestra iglesia. Sin embargo, Samuel dijo que todos estos se ven bien, pero debe haber otro. Nuestras iglesias buscan a las personas de la misma manera. Buscamos aquellos que se ven bien. No buscamos a aquellos a quienes Dios tiene la mano puesta. La iglesia está contenta con solo 1000 victorias. Se niega a alejarse del sistema Saúl en su lugar y permite que entre la orden davídica.

El sistema de Saul es un lugar de desobediencia. El sistema davídico representa la obediencia. David no le permitió al enemigo tener nada sobre él porque se lo dijo a sí mismo. Vemos innumerables veces en la Palabra donde David se enfrentó a Dios y se arrepintió y se lamentó en agonía con respecto a sus debilidades y deficiencias. Todo lo que hizo fue provocado por la obediencia de Dios. En muchos casos, tomó por Dios y no permitiría que la gente se ofenda con su Dios. El sistema de Saúl no muestra relación con Dios. Es por eso que puedes subir y cantar cualquier tipo de canción y vivir de cualquier manera, pero no reflejas ninguna relación con Dios.

Un entorno conducido por Saul no lo conduce a vivir un estilo de vida disciplinado. Te permite vivir de la forma que quieras. Estoy seguro de que los líderes que operan en un sistema Saúl no apreciarán la exposición de la oscuridad detrás de estos sistemas y defenderán su naturaleza de Saúl, pero se explica por sí mismo. Si continúas siguiendo a un líder que defiende y perpetúa un sistema que intentó matar a David por celos, eso depende de ti. Cuando vives la comparación en vivo de Saúl y David, no hay comparación. Preferiría vivir victoriosamente como lo hizo David.

Dios tuvo que romperme para mostrarme que yo no era todo eso. Él rompió mi carácter y no importa lo que los líderes me hicieron; No cambié la forma en que los traté, en represalia. Los honré y permití que Dios me defendiera para poder promoverme a su debido tiempo. Dios aumentó mi nivel de amor para que no pudiera sentir la injusticia cuando me estaba sucediendo. Él me mostró el modelo de honor en la vida de David cuando Saúl trató de matarlo. Saúl lanzó jabalinas e incluso cuando David tenía la ventaja y pudo haber matado a Saúl, no lo hizo. Él amaba a Saúl en gran manera. Tuve que caminar con líderes que destruyeron mi nombre a través de los falsos reproches que me hicieron. El mito es que cuando la gente habla de ti, no debería afectarte si Dios está contigo. Eso es una mentira porque una mentira no tiene poder, excepto que alguien con autoridad lo dice. Es por eso que como líder, lo que dices de tu boca es una responsabilidad, no una oportunidad.

Todos somos un cuerpo. Todos debemos tener cuidado con lo que decimos sobre nuestro cuerpo. El resto del cuerpo responderá. Si alguien con autoridad dice una mentira acerca de usted, ¿quién cree que le creerán a usted oa alguien que tiene un par de libros? La gente no es fiel como lo es Dios. Ellos son francamente crueles. Ellos te apoyarán mientras no sepan nada de ti. Si oyen un rumor sobre ti, saltaran sobre él, eligiendo no usar el discernimiento. Según quién lo haya dicho, lo creerán. ¿Cuántas veces hemos escuchado, "quién lo hizo ... oh sí, tenía que ser verdad! "Entonces, tienes que sufrir hasta que Dios te reivindique del falso reproche en tu nombre. No vemos automáticamente el fruto de lo que se dijo sobre nosotros. Tienes que esperar un tiempo y Dios te va a reivindicar. Sé de lo que estoy hablando. Lo viví. Por mucho que haya sembrado en el Reino, nunca debería estar en un lugar de regreso. Pero, bajo y he aquí, ahí es donde estoy. No estoy sorprendido sin embargo. ¿Por qué? Mi vida ha estado en un patrón davídico en un sistema Saúl. Las jabalinas me han sido arrojadas constantemente. No tiene nada que ver con lo que hice. Es por lo que era. No hay ninguna razón para que la gente no le otorgue el honor adecuado a menos que no supieran quién era usted.

Esta dinámica David / Saul ha arruinado muchas vidas. Mantiene los celos prevalecientes en la gente de David. Saúl se negó a darle honor a David porque estaba celoso de él y temía que David lo reemplazara. Lo cual es retorcido, porque si tus hijos no te reemplazan, no eres realmente apostólico. De todas las cosas que Jesús habló, nos dejó con "obras mayores" que haremos nosotros que Él. Es por eso que sé que algunos de ustedes que leen esto se relacionan con no ser promovidos desde que Jesús era un bebé. Te dicen y mostraste por qué no estás listo. Ese no es el corazón de Dios porque si no eres liberado, no te prepararás. Para algunos de ustedes, el diablo no los detiene; tu pastor / líder es Él o ella te está reteniendo para que se vean bien. Saúl retuvo a David porque temía que lo hiciera quedar mal. Toca tu vecino y di: "Reforma davidica."

Los resultados que David y Saúl obtuvieron hablan por sí mismo. Cuando tienes una presencia davídica en tu iglesia, ayuda a la iglesia a florecer. La gente también florece, no solo el hombre establecido. Saúl fue nombrado por personas.

David fue designado por Dios. David fue un gran ejemplo de ser un apóstol. Él estaba haciendo el trabajo de un pastor cuando Samuel lo estaba buscando, para ungirlo como rey. Él estaba ocupando hasta que Dios vino. Saúl estaba buscando ser notado y elegido por la gente. Puede permitir que las personas lo levanten y que se conforme con eso, pero solo obtendrá 1000 victorias. Cuando permites que Dios te respalde, las personas descubren quién eres después de haber hecho el trabajo. Sin embargo, tendrás decenas de miles de victorias, que serán continuas.

Capitulo Siete
Canciones de Saúl Versus Canciones Davídicas

Las canciones de Saúl son básicamente canciones de preferencia, no canciones requeridas por Dios. Son los más preferidos porque todos los cantan. Esto se ha convertido en nuestro comportamiento aprendido, para cantar lo popular. Cantar canciones de Saúl te mantiene encerrado en los parámetros del control del hombre. El modelo de adoración profética de David expresaba libertad. No era adyacente a un sistema. Cantar canciones davídicas te abre a reinos interminables y permite que Dios se haga cargo de ti como oraste y pediste. Las canciones davídicas cantan de ser victoriosas porque fueron provocadas por Dios mismo. Esto prueba que la alabanza y la adoración fueron para Él en primer lugar, no para nosotros. Entonces, si es para Él, deberíamos cantar Sus canciones favoritas, no las nuestras.

Al cantar canciones de Saúl, no debería sorprenderse que experimente los mismos resultados. No debe sorprenderse que no esté experimentando un gran avance. Ciertamente no debería sorprenderse de que solo obtenga 1000 victorias. La mayoría de las canciones de Saúl provienen de un lugar familiar. Ese lugar se basa en su preferencia y no en un lugar donde busca a Dios por lo que quiere. Por lo general, no tenemos ninguna conexión con la agenda de Dios cuando hacemos lo que queremos. Este lugar familiar es manipulado por líderes que ignoran el propósito de la alabanza y la adoración. Piensas que es algo que la gente hace antes de que el predicador se levante a predicar su mensaje. Entonces, cantas las mismas canciones que todos escuchan mientras intentan superar al otro. El único cambio que escucha involucra al equipo que hace sus propias versiones. Ese es el fruto de la canción de Saúl. No significa que no sean canciones buenas o ungidas. Sin embargo, no tienen cabida en la reunión de reyes que buscan instrucciones del Rey de Reyes sobre cómo cambiar sus entornos (Apocalipsis 19:16). Entonces, ¿cómo crees que vas a cambiar la montaña de influencia a la que te asignaron cuando no puedes cambiar una colina que sigue erigiéndose en tu casa? No va a suceder. A medida que el equipo de alabanza recicla canciones populares en su lista de canciones, las canciones de Saul le causan (en su entorno local) reciclar situaciones, demonios y presencia demoníaca. Eso es porque cantar canciones recicladas te limitan a solo tocar la superficie. No penetra, evoca el cambio. Las brujas, los brujos y las personas rebeldes pueden permanecer cómodamente en nuestros servicios e irse a casa porque no hay cambios en nuestros servicios. Cantamos canciones que fueron creadas con manos sucias. La mayoría de estas personas no tienen un estilo de vida que respalde estas canciones. Ellos mismos te dirán que esto no es más que un trabajo para ellos. Sin embargo, las canciones davídicas son provocadas por el Espíritu de Dios y provocan cambios. David cambió a toda una nación con su adoración.

Ni siquiera tenemos que ser profundos para darnos

cuenta de que ambas partes se están viendo afectadas. La mayoría de las canciones que escuchamos hoy mantienen el crimen vivo y nuestras comunidades están contaminadas. Sin embargo, respaldaremos eso más rápido de lo que lo haremos con algo puro, porque hemos sido programados para que tenga que mover nuestra carne. Lo mismo pasa en la iglesia. Si no mueve su carne, no participará. Sin embargo, no tiene problemas para criticarlo o criticarlo. No criticas ni criticas la música del mundo. Conozco a más personas que compraron Beyoncé que Michael W. Smith. Entonces ellos quieren ser como Beyoncé. ¿Quieres ser una diva? Luego te vistes como las personas en los videos que tus hijos están mirando. Además de eso, se le da y O ur dinero para Beyoncé y Jay-Z, pero You incluso no quieren pagar por un conferen ce para conseguir oro por. Y ou va a ir a un concierto y pagar $ 12 para un perro caliente y no se quejan de ello. Para colmo, gritarás durante todo el concierto. En la iglesia tienen que pagarle para levantar sus manos para participar. Nuestras prioridades son retorcidas Hemos sido programados para adaptarnos al sistema de Saul y hemos sido engañados.

La mentalidad es: "Hagamos una buena idea", no una idea

de Dios. Usamos esta excusa para buscar nuestras propias preferencias. Si dependiera del creador para crear algo, no usaría algo corrupto para transmitir su punto de vista. No necesito al diablo para expresar mi punto de vista. Esa mentalidad dice dos cosas: 1) No pasas tiempo con Dios para obtener algo fresco y, 2) Estás usando música impía para las audiencias meta, haciéndolas conectar con un punto en el tiempo cuando estaban en pecado. La pregunta a menudo se ha hecho sobre músicos que deambulan en la iglesia y tocan o usan canciones seculares del pasado para hacer una canción Gospel al cambiar algunas de las letras. Musicalmente, es la misma canción, y sí, todavía está contaminada. Las personas que usan esa técnica muestran que no se están enfrentando a Dios. Ese es el signo de tell-tell. Dios siempre te dará algo nuevo. No hay nada conocido como bloque de escritores cuando te enfrentas al escritor. El Espíritu Santo nunca se agota; hacemos.

Algunos de los mejores artistas de Gospel son fraudes. Logran el éxito apoyándose en la música secular. La música tiene mucho peso. Esas canciones seculares tenían zonas horarias y pecados particulares asociados a ellas. No deberías cantar canciones que te recuerden un momento en el que no eras piadoso. No estabas seguro, mucho menos guardado. ¿Es eso lo que ofreces a un Dios santo? No lo creo. Ahora, está bien si tu único objetivo fue vender álbumes para ganar dinero. Eso es todo lo que vas a lograr, de todos modos. Producir música así, le estás diciendo al mundo, queremos ser como tú, no queremos que seas como nosotros. ¿Qué le hemos estado ofreciendo al Rey? Le ofrecemos lo que queremos y no lo que Él está requiriendo. Es difícil saber lo que quiere cuando no preguntas. Pregunto qué quiere escuchar y dónde está fluyendo el Cielo en este momento. Lo extrañamos porque hemos sido programados para salir con una canción de alabanza primero. Rápido o lento no representa alabanza o adoración. La diferencia está relacionada con el contenido que estás cantando, no con el tempo.

El motivo de la exposición es impedir que produzcamos niños disfrazados de hombres y mujeres disfrazados de mujeres, detrás de púlpitos. Además, debemos dejar de producir líderes de culto disfuncionales que se producen directamente a través de sistemas disfuncionales. Culpamos a la disfunción de lo que escuchamos de los líderes de adoración, pero en realidad estamos cosechando la disfunción que hemos sembrado . Los lectores que no tienen nada que ver con el departamento de música incluso se ven afectados por esta disfunción. Obtienen impartaciones a través de las frecuencias de la disfunción liberada en la atmósfera. Entonces, estamos produciendo líderes poco saludables que salen y reproducen líderes poco saludables. Es un ciclo de disfunción. El enemigo ha usado la estrategia de dividir y conquistar durante años. Usted incluso s líderes ee separa sí mismos- incapaz de tener una relación con otros líderes. Si lees la Biblia correctamente, los profetas se beneficiaron y fueron cambiados y elevados cuando entraron en contacto con la unción Da vidic y los juglares. El sistema de Saúl mantiene los dones ministeriales separados. Judá ha sido separado de los otros dones ministeriales. Es el único regalo ministerial que asiste a las conferencias sobre la adoración. ¿No somos todos adoradores? Todos necesitan saber cómo comportarse en el culto corporativo. Todos necesitan saber cómo exigir lo que necesitan de la adoración.

He visto falta de respeto por parte del equipo profético

durante la adoración. No queremos escuchar que el espíritu del profeta está sujeto al profeta. ¿Qué crees que son los juglares? Ellos son profetas. ¿Qué crees que están haciendo con sus manos? Ellos están profetizando.

He vivido todo lo que digo. Si tiene más confianza en el estado de su líder que en confiar en Dios, ya ha perdido. Ese es el peligro de pensar que eres más de lo que eres. El fruto de eso es que nunca se puede corregir. Los líderes tienden a pensar siempre que hay que hacerlos para honrarlos y respetarlos, en lugar de la fruta que producen. Es difícil para mí respetarte cuando me haces respetar y honrarte. Estás requiriendo honor para ti, y no funciona así.

El Sistema de Jezabel

Las personas que incursionan en un sistema Jezebel siempre buscarán controlar y apagar la adoración pura. A menudo me cerraban las personas que fluían en el espíritu de Jezabel. No me dejarían jugar detrás de ellos. Otros obsequios del ministerio me acusaron de tomar servicios completos cuando jugué. Estos rumores, cuando se extendieron, hicieron que la gente se mostrara escéptica y temerosa de mí. En varios escenarios, no tenía idea de que estas mentiras se estaban difundiendo. Esto me hizo vivir durante años bajo un falso reproche en contra de mi nombre. Aprendí a mantener mi rostro en la cara de Dios y Él me permitió producir resultados piadosos. No tienes que borrar tu nombre. Dios vindicará cuando pertenezcas a él. Dios me dijo que a veces tienes que estar de acuerdo con tu adversario. Tenían razón; cuando jugué, había algo diferente. Estaba en la frecuencia de Dios, por lo tanto, por supuesto, era cierto que nunca habían escuchado la frecuencia que estaba liberando. W gallina que liberan estas mentiras, es importante seguir haciendo lo que Dios le indique. La única persona que se verá mal es aquellos que lanzan un falso reproche en contra de tu nombre. La obediencia no hará que te veas mal, y ciertamente, Dios tampoco lo hará. Nuestro camino no es el camino, el camino de Dios es el camino.

Capítulo Ocho
El Instrumento Prohibido

El único instrumento que no tiene referencia bíblica de David es el órgano. La primera mención del órgano fue en el siglo III (285-222 aC) que no guardaba ninguna relación con el antiguo Israel. La primera manipulación y correlación conocida del órgano fue en las arenas del Imperio Romano, donde se jugó durante las carreras y los juegos. La primitiva Iglesia de Roma cayó en contra de los órganos, impidiéndoles ser utilizados. El último emperador conocido de Roma, Nerón (quien era conocido por sus ataques de ira), culpó a los cristianos de la gran quema de Roma y, después de haberlos capturado y quemado vivo, tocaron el órgano mientras los escuchaban gritar. Es por eso que el único lugar donde el órgano permanece hoy es en iglesias muertas, funerarias y parques de béisbol. Donde sea que permanezca hay una fuerte influencia de perversión porque su sonido original y su definición han sido pervertidos. Pervertir algo es cambiar el propósito inherente o función de él. La descripción original de lo que los traductores de la Biblia trataban de conectar a un órgano se tradujo correctamente como pipas. El diccionario Strong define la raíz hebrea para órgano como 'uwgab, en su significado original, como una sensación de respiración o soplo. Su definición correcta es un instrumento musical en forma de flauta, caña o caña. Dios le dio a David la tecnología para vaciar troncos y colgarlos en un árbol para que Dios pudiera respirar a través de ellos y emitir un sonido. El sonido de las pipas y el aliento y el sonido de Dios nunca fueron atrapados en una caja. Cuando el hombre pone sus manos sobre él, lo pervierte. Cuando escuchas el sonido de un órgano, se agrava y pervierte el sonido de Dios. Esta es la razón por la cual en un servicio de la iglesia, cuando el órgano deja de tocar, la gente deja de bailar una vez que el espíritu llega. El órgano se usa para despertar una emoción porque la mayoría de las congregaciones están motivadas por la emoción. Es por eso que se utilizan en las funerarias. Ellos despiertan pensamientos del pasado. Nunca crearán un sonido nuevo. Este instrumento estuvo presente por más de 1100 años, en la arena secular y en el circo, antes de llegar a la iglesia.

Aquellos de ustedes que lo han adoptado como una vaca sagrada necesitan saber que un órgano es unidimensional. Solo puede acceder a un dominio: el reino para el que fue creado. Fue creado para reproducirse según su propio tipo. Es un instrumento de perversión. Por lo tanto, reproduce la perversión. Hay poder en lo que nombre una cosa. Simbólicamente, la gente no debe pervertir, jugar o jugar *con* un "órgano." Es por eso que la homosexualidad puede permanecer en un lugar donde se reproduce ese sonido. Jezebel puede operar en esa atmósfera sin obstáculos. Las brujas pueden operar donde sea que ese sonido prevalezca. El camino de los viejos tiempos todavía existe, siempre y cuando ese sonido prevalezca y sea dominante. La enfermedad, el pecado y la enfermedad siempre están presentes cuando ese sonido prevalece y es dominante. No ayuda cuando la persona que juega todavía está en pecado. Lo que sea que esté en la persona, cuando el instrumento se está reproduciendo, está pasando por el altavoz. La música y las frecuencias son las únicas cosas que no necesitan permiso para ingresar a su espíritu. La radio nos ha estado violando durante años, bombeando frecuencias a nuestros espíritus. Ha sido un hecho conocido que los dones y llamamientos vienen sin arrepentimiento (Romanos 11:29).

He visto artistas del Evangelio que eran apóstoles pero que no lo sabían. Entonces todos los que jugaron como ellos recibieron una impartición de ellos. Todos los que formaban parte de sus vidas recibieron una impartición de ellos, debido a lo que había en ellos. Como resultado, esos mismos artistas del Evangelio murieron a causa del SIDA y también lo hicieron varios de sus "hijos."

A menudo veo a los juglares tratar de hacer una transición del órgano al teclado porque obtuvieron una revelación al respecto. Sin embargo, colocan el teclado encima del órgano porque no pueden alejarse de él. Así de poderoso es la oscuridad en él. Mucha gente discutirá conmigo sobre el instrumento prohibido. Sin embargo, mira las vidas de aquellos que argumentan este punto. El juglar que insiste en tocar el órgano ejemplificará las mismas características del sonido que produce el órgano: nada fresco, incapaz de conectarse con lo nuevo e incapaz de acceder a nuevos y frescos reinos. A menudo gravitamos hacia lo que es cómodo para nuestra carne. Cualquier cosa nueva a menudo crea un desafío al cambio. Eso hace que cualquier carne sea incómoda. Muchos líderes me han dicho: "Me gusta mi Hammond B3", y respondo: "Asegúrate de que te guste todo lo que viene con ese Hammond B3." Como apóstol de las artes divinas, Dios ha aumentado mi sensibilidad al sonido. Cuando me invitan a ministrar a un lugar, por lo general solo es una vez. Tengo el desafío de dirigirme al líder con su desafío con Jezebel. Si escucho ese sonido, sé que la iglesia está plagada de embarazos adolescentes, infidelidades, adulterio, homosexualidad y una larga y larga línea de consejería. No ayuda que muchas de las cosas que se crearon hayan sido legalizadas, lo que hace que esos pecados sean más extravagantes ahora. ¿Que estoy diciendo? El órgano no tiene lugar.

Instrumentos de cuerda como la guitarra y el bajo se

mencionan en el culto davídico. Salmos registra: "inclinaré mi oído a una parábola: revelaré mi oscuro decir sobre el arpa" y "te cantaré una nueva canción, oh Dios; En un arpa de diez cuerdas te cantaré alabanzas "(Salmos 49: 4, 144: 9). La especificidad de los salmos al describir los instrumentos está destinada a matar el argumento de que no deberían usarse en la adoración. La mención de usar 10 cadenas fue muy específica. Hay 6 cuerdas en una guitarra solista y 4 en el bajo. Están tus diez cuerdas. Barra lateral: Simplemente creo que la Biblia no es un menú donde puedes escoger y elegir de lo que quieres participar o no. Los tambores son timbres y platillos; eso es un conjunto de batería. Mucha gente discutirá y dirá que los tambores no deberían ser fuertes en la adoración. Sin embargo, eso es ignorante. ¿Qué nos ordenan los Psalms 150 que hagamos? El órgano es el único instrumento que debería prohibirse por su origen y manipulación de funciones. Están en iglesias muertas que ya no tienen a Dios visitándolos, y ni siquiera se dan cuenta. Él no viene porque no lo necesitas y lo tienes bajo control.

El teclado y el piano se mencionan en el culto davídico. El piano no es más que un arpa en una caja. Una versión modificada de un piano es un laúd. David no podía marchar con un piano, por lo que lo modificó y lo colocó en un palo para marchar y ser tocado. El teclado es universal. Fue modificado por el hombre, pero no pervertido. Fue modificado para acceder a diferentes sonidos y reinos. Permite que el Espíritu Santo te ayude a acceder a diferentes reinos.

El sistema de Saúl hizo muy difícil para el hombre común decir lo que suena bien contra lo que está ungido. La unción nunca se vuelve obsoleta, porque nació del Espíritu y no tiene vida útil. Sin embargo, cuando algo se crea fuera de un lugar familiar o no tiene unción, se vuelve molesto y se desvanece. Dios nunca ha requerido que nos mantengamos actualizados y de vanguardia. Él es requerido para que lo adoremos en Espíritu y verdad y nos mantengamos obedientes. Si te mantienes obediente, te mantendrás al día. Una de las formas de saber si su iglesia se atiende a la carne es cuando elige cosas que lo satisfacen, y su decisión se basa en su preferencia en lugar de lo que Dios requiere. No veremos reformas si elegimos negar lo que estamos haciendo mal. La santidad se ha convertido en un tema o tema y no en una forma de vida. Me doy cuenta de que muchos de nuestros problemas no son complicados de resolver. Solo tenemos que admitir y reconstruir con la base adecuada, no con ninguna fundación antigua. Mientras negamos, la canción principal de la iglesia siempre será "Así es como lo hacemos." Para la generación anterior, su tema principal será "Lo hice a mi manera." Para los millennials, lo harán. ser, "has perdido esa sensación de amor." No estoy criticando a Judah porque hice lo mismo. He estado en ambos lados, pero Dios me liberó. Quiero asegurarme de que usted, el lector, sepa que no le estoy señalando con el dedo. Soy parte del Cuerpo de Cristo. Siento que puedo exponerlo porque lo hice.

Capítulo Nueve
Favoritos

Taquí hay una gran falta de honor en el departamento de música. Los líderes son realmente malos acerca de tener sus favoritos. He visto líderes que escucharon más a sus familias que Dios. En un sistema Jezebel, quieres personas que puedas controlar y que tengan el control, para que puedas manipular todo lo que hay en la casa. Se disfraza de lealtad, pero es lealtad al hombre, no fidelidad a Dios. Cada vez que tienes un líder que te destruirá sistemáticamente cuando no estés de acuerdo con ellos, esa es una dinámica de Saúl / David. El sistema de Saúl busca destruirte cuando los desafías. Usted debe ser capaz de estar en desacuerdo respetuosamente con alguien sin ellos tratando de destruir. Cuando me pones entre la obediencia a ti y la desobediencia a Dios, perderás todo el tiempo. No permito áreas grises. No puedes hacerme estar de acuerdo contigo. Debo obedecer a Dios Es por eso que me han llamado un renegado y desagradable. "Rebelde" no es un apodo para alguien que no puedes controlar; tampoco es "renegado" un apodo para alguien que no está de acuerdo con usted. Tenemos que tener cuidado como líderes acerca de ser tan rápidos en ofenderse y, de esa ofensa, etiquetar a las personas. Estas etiquetas hacen que la vida en el ministerio sea difícil para las personas. Entonces se les culpa por eso. Esto va especialmente para las personas que son creativas en las artes y creativas en todas las formas de música. Nunca fueron diseñados para ser acorralados como caballos. Si recuerdas en las Escrituras, cuando vinieron a buscar al rey de la casa de Isaí, todos sus hijos estaban en la casa donde fueron acorralados y mostrados como caballos de presa. Sin embargo, David estaba de vuelta con las ovejas. Él era libre. ¡Gran diferencia! Necesitamos más David para intensificar, obedecer y defender las cosas de Dios.

Hacemos muchas cosas en la casa del Señor que no deberían permitirse. David llegó a modificar instrumentos que no eran lo suficientemente santos para Dios. Esta es la razón por la cual Dios escogió a alguien que no tenía miedo de enfrentarse a los líderes para defender las cosas de Dios. La característica de ser davídico es que el diablo nunca puede tener nada contigo porque le has contado todo a Dios. El diablo nunca puede decirle a Dios nada de mí porque Jacques ya le dijo a Dios todo. Dios ya estaba allí, mirándome hacerlo. Esto es lo que mantuvo a David tan puro ante Dios.

Desmantelamiento de Estructuras Hechas por el Hombre

Judá debe ser limpiado primero. Por lo tanto, debe comenzar con el liderazgo. Debe comenzar con la forma en que se trata a Judá. El presupuesto debe ser lanzado algunos. No siempre se debe usar para comprar Hummers y volar en primera clase en estos viajes elaborados. No te matará volar en autocar cuando aún puedo verte a ocho filas delante de mí. Ahora, podemos viajar y hacer todas estas cosas, cuando gastamos nuestro propio dinero. Sin embargo, los líderes están gastando el dinero destinado para el ministerio. Este es el dinero de aquellos que todavía están sentados en casa. No podemos pisar las espaldas del pueblo de Dios para elevarnos más que ellos. Estás volando y viviendo en el lujo, pero tu departamento de música (que usas regularmente) está en ruinas. Este departamento te ha permitido acceder a dominios a los que nunca podrías acceder, pero nunca lo admitirás. Algo está mal con esa imagen. Algunas de las experiencias más gloriosas que tuve fue cuando el salmista y los juglares se pusieron de acuerdo, y el pastor no estaba presente. Cuando las manos del líder no están en él, hay una libertad en el culto. No necesitamos ser navegados por el hombre; necesitamos ser libres para ser navegados por el Espíritu Santo. Incluso la naturaleza de Dios y Jesús se opone a esto. No te dan instrucciones o instrucciones para controlarte. Te dan los mandamientos de Dios y la libertad de elección, pero te dicen cuál debes elegir. Debido a que Dios es pactado, Él siempre explica los beneficios de elegir lo correcto y las consecuencias de elegir las cosas equivocadas. Esto me dice que las estructuras de la iglesia en su lugar no coinciden con el corazón de Dios. Se basan en la estructura del hombre, lo que nos ha dejado impotentes. Se representan por preferencia. Elegimos personas que preferimos porque harán lo que les decimos que hagan. No queremos personas que hagan lo que Dios les dice que hagan porque sentimos que esta es "nuestra iglesia." No, esta es la iglesia de Dios. Si hubiera una canción temática asignada al estado de la iglesia de hoy, sería "Así es como lo hacemos." En mis viajes, fui a las iglesias y escuché: "Así es como lo hacemos." "Si no te conviertes en esto, te mataremos." Convierte a esto o muere. No nos desviaremos." Esas iglesias generalmente ni siquiera saben que Dios ya no viene más. No importa la denominación cuando programes a Dios fuera de tus reuniones, Él te permitirá seguir haciéndolo. Hay algunas cosas en los movimientos apostólicos y proféticos que se han vuelto religiosos por derecho propio. Una vez que experimentan avances en un área, no permitirán avances en otros; eso es religioso

Entonces, básicamente, su moral siempre debe ser consistente, pero sus métodos tienen que cambiar (o ser flexibles para cambiar). Lo dije antes, The Old Ship of Zion no va a funcionar para Pookie. Estos son demonios de alta tecnología con los que nos enfrentamos cuando se trata de gente joven. Los Millennials no creen nada, sin evidencia. "El dulce poco tiempo" no funcionará para ellos. Necesitan ahora fe y evidencia. Antes de acercarse a ellos con eso, mejor créelo usted mismo.

No puede tener un sistema en funcionamiento para todas las personas que entran por las puertas de su iglesia. El mundo es lo suficientemente inteligente como para realizar pruebas de ubicación para ver dónde están las personas cuando entran por la puerta. La norma actual es tener una clase para nuevos miembros para todas las personas, incluso para aquellos que han pasado tantos años de entrenamiento eclesiástico como un soldado militar veterano ha estado sirviendo en Afganistán. Necesitamos diferentes ubicaciones y programas para la diversidad de personas que ingresan. Necesitamos mejores programas que movilicen a las personas que toman sus clases y siguen muriendo. La gente está sentada en sus asientos mirando a sus equipos favoritos. ¿Qué estás haciendo con los equipos de alabanza que no usarás porque no son tus favoritos? Envía esos equipos de alabanza para ministrar en los campus universitarios, cafeterías, etc. Yo uso para entrenar a mi equipo de alabanza al tener becas. Mencioné antes cómo los llevé a mi casa, cociné para ellos y los conocí a través de la comunión con ellos. Los llevaría a convalecientes y asilos de ancianos, lugares donde nadie gritaba su nombre. Les enseñó a permanecer enfocados en Dios, y no en la audiencia. Aprendieron para quién estaban realmente haciendo esto. Los entrené como ministros, no como animadores. Los entrené para ministrar mientras estábamos adorando. Los entrené para salir a la congregación y compartir la palabra profética que Dios les dio para compartir con una persona, mientras nosotros rendíamos culto.

Nos preguntamos por qué tenemos diferentes espíritus que salen de esos altavoces. Tenemos cantantes y juglares descontentos. Personas que están sirviendo implacablemente, pero que no están siendo apoyadas o sembradas nuevamente. Prefiero servir en las calles de Chicago y jugar para la gente que no me paga. Al menos en las calles, la gente dice gracias, lo reconoce y comparte cómo les movió su música. Preferiría mucho más que dar todo mi tiempo en una iglesia, donde el pastor es escoltado hasta la parte posterior antes de que finalice el servicio porque es demasiado importante para saludar a aquellos que le sirven.

Entonces, algunos de los líderes tienen el descaro de decir: "Te pago." Pero lo que me estás pagando es solo un consejo. Me está pagando el 20% de mi tiempo, pero le doy el 80% de mi tiempo. ¿Qué pasa si las mismas medidas se aplicaron a usted? Estás viviendo de nuestros sacrificios pero hablamos con nosotros, locos. Esto no ocurrirá en mi reloj. La tontería tiene que parar. La forma en que se trata a las personas que sirven debe detenerse. Es absurdo que sus líderes pasen por la parte de atrás y tengan el mejor estacionamiento, y solo llevan una Biblia, todo para que se vean bien en las redes sociales. Los minstreles tienen que estacionar a dos cuadras de distancia y llevar instrumentos. Eso es deshonor. El dinero es malversado. Se gasta tanto en la seguridad del pastor. Si alguien quería atraparte, todo lo que tienen que hacer es ir a tu restaurante favorito. Todo lo que tendrían que hacer es replantear Cracker Barrel. Si Dios no puede protegerte, tu seguridad no está haciendo nada. Si estás viviendo justo, ¿por qué necesitas un séquito para protegerte? Algo está mal.

Es por eso que mencioné antes que necesitamos entrevistas, no audiciones. Cuando hablas y obtienes el corazón y la mente de una persona, de la abundancia del corazón, la boca habla (Lucas 6:45) . Si quiere las respuestas correctas, haga las preguntas correctas. Vivo en lo sobrenatural, porque creo, si la persona tiene el corazón correcto, Dios puede impartir el talento para su agenda. No queremos compensar el corazón correcto; queremos compensar las chuletas correctas porque nos hacen quedar bien. Honestamente, no hace que Dios se vea bien. Somos egoístas Queremos atendernos a nosotros mismos, no satisfacer la agenda de Dios. Desafortunadamente, estamos entrenando personas para que sean como nosotros, no como Cristo. Todo lo que escuchamos es, "Mi pastor ... mi pastor es un buen pastor ... mi pastor tiene esto y lo otro." ¿Cómo crees que lo consiguió? Les diste el dinero para que lo tengan. Cuando te corten las luces, te dirán: "No tenemos el presupuesto para ..." Eso es porque te lo gastaste.

Cuando el departamento de música es tratado con deshonor, y el título y las ofertas son malversados, siempre habrá problemas en las finanzas. Los diezmos y las ofrendas no son para que el pastor tenga zapatos de piel de serpiente. La orden davídica causa que todos en la iglesia tengan zapatos de piel de serpiente. La reforma davica garantiza que todos tengan lo que necesitan. ¿Cómo se puede prestar dinero a las naciones cuando ni siquiera se puede tener suficiente suministro para quienes sirven? Eso no tiene sentido. Las personas codiciosas no piensan en proveer para todos. Estoy viendo a Dios levantar a David en esta hora que ya tiene lo que les cuelga en la cara, para manipularlos. Vendrán con eso ya. Vendrán con el botín ya. Ellos vendrán con experiencia para obtener lo que necesitan de Dios. Esto será abolido mientras estoy vivo. Dios es justo.

Debido a que estamos en la frecuencia equivocada, caemos por lo que los medios tienen para ofrecer. Esa es la frecuencia equivocada que nos hace tratarnos deshonestamente. Causa el subproducto de la injusticia racial y el prejuicio. Tenemos más de eso en la iglesia que el mundo ahora. Cuando estamos en la frecuencia del mundo, los imitamos más de lo que imitan a la iglesia. La iglesia está imitando progresivamente el mundo. No tenemos nada que ofrecer a la iglesia porque estamos en la frecuencia equivocada y no nos emocionamos acerca de las cosas de Dios. ¿Cómo podemos esperar que el mundo quiera ser como nosotros? ¿Hay más personas en el cuerpo de Cristo que saben más sobre Jay-Z y los Kardashians que aquellos con quienes adoran cada domingo? Si ese es el caso, estoy seguro de que no estás orando por ellos. Entonces somos injustos con ellos porque si no apaciguan nuestra carne, no los apoyamos. Si no están a la altura, nos negamos a apoyarlos. He estado haciendo CDs desde 1995. He tenido que regalar más de lo que vengo porque la gente no sabe si quedarán impresionados o no. Sin embargo, saldremos directamente y gastaremos dinero en un CD de alguien que los medios dicen que deberíamos impresionarnos. Eso está mal.

Nuestras iglesias no son saludables porque respaldaremos financieramente a alguien que ya tiene dinero, pero no respaldaremos a alguien que no tenga dinero, sino algo que ofrecer. Algunos líderes no lo respaldarán si no tiene un producto porque no quiere que le quite el dinero que está tratando de obtener de la gente. Eso es codicioso. Lo que los líderes no entienden es que, si los respaldas, *te* ves bien. Cuando se acercan a alguien que los respaldará y apoyará, los etiqueta como rebeldes. Eso no es inteligente. Como líder, estás entrenando a las personas para que sean como tú, codiciosas y no como Jesús. Las personas son más efectivas por lo que ven que haces que por lo que dices. Esta es la razón por la cual los padres apostólicos deben tener cuidado. Nuestros hijos deberían ser capaces de decir, como Cristo, "Solo hago lo que veo que hace mi padre ." No debería tener que decirles a mis hijos que oren, adoren, ministren a la viuda, participen en la adoración, o responder al Espíritu de Dios "Primer apóstol" significaba que teníamos que ser los primeros en hacer lo que estamos tratando de lograr que hagan todos los demás. Esto es para el perfeccionamiento del cuerpo, no para obtener la mayor pieza de pollo. Queremos ser atendidos primero. Eso es demoníaco y jerárquico. Dios no está en ese lío.

Otra área en la que nosotros (como el Cuerpo de Cristo) necesitamos una reforma es en el manejo del dinero. No permito que nadie detenga el flujo de la adoración para manipular a la gente para que ceda en mis reuniones. Si la presencia pura de Dios no lleva a las personas a dar, entonces simplemente las manipulamos. Debería haber un intercambio. Las personas obtienen lo que necesitan en la presencia de Dios y dan libremente. Dios me dio para poner cubos de ofrenda, junto a la silla de mi invitado de honor, Jesucristo.

Cada vez que tuvimos una reunión, se cumplió el presupuesto. El nivel de pureza provee la necesidad. Incluso con mis seguidores de Facebook, cuando tengo reuniones, lo adoramos durante horas y no tenemos ningún costo. Somos ministros de curación, proféticos, etc. Sin embargo, las personas prefieren ir a una conferencia, pagar una habitación de hotel, escuchar un sermón, ver a una celebridad con la que no pueden interactuar y pagar todo su material. Lo que oyen en el libro, ni siquiera ven en la vida natural de los hablantes. Ya no quiero a los sospechosos habituales. Prefiero salir a la calle y salvar a las personas para que puedan asistir a las reuniones.

Ni siquiera sabemos cómo apoyar el nuestro. Cuando la arena secular recoge algunos de nuestros salmistas y juglares y apoya sus dones, llamamos a ese compromiso. He tenido personas que traen un espíritu seco a las reuniones: espectadores y críticos, en lugar de participar. Luego, se preguntan por qué lo sobrenatural no sucede hasta que se van. ¿Qué parte de la nube de gloria traes contigo? Eres el único pesado porque tienes 1000 libros sobre la gloria, pero no estás caminando en él. Rezo para que tus ojos se abran para ver que eres tu propio obstáculo. No puedes descifrar la unción porque no tienes ninguna. ¿Cómo puede el hierro afilar el hierro cuando no tiene hierro?

El honor está en la minoría, no en la mayoría. Puedo probar eso a través de la vida de Jesús. Él no era popular. Buscamos ser populares porque somos inseguros y ejemplifica la naturaleza del enemigo. Él quería ser más popular que Dios. Entonces, si eso está en ti, la naturaleza del enemigo también lo es. La verdad no es popular La santidad definitivamente no es popular. Su jerga religiosa solía sonar apropiada. Cualquier cosa que tengas que decir para anunciar, por lo general no lo eres. Dios está cansado de que las personas escriban libros y hablen sobre temas que no pueden demostrar con sus vidas. Si no puedes catalogar un tema, no debes enseñarlo / predicarlo. Hubo una época en la que todos hablaban de juglares. Todos no son juglares. ¿Estás moviendo la multitud o la nube? Cuando estás cantando, algo tiene que suceder. La adoración es un ministerio espejo La adoración te muestra a ti, no a la persona que está a tu lado. Cualquiera que camine durante la adoración y diga que tiene discernimiento acerca de otra persona es un mentiroso. Durante la adoración pura,

Dios te muestra a ti mismo. La cortina de humo en la que usted discierne los problemas de los demás durante la adoración le impide verse a sí mismo.

Profetas, si no pueden adorar a Dios y participar en la adoración, no deberían estar profetizando. Estás profetizando sobre tu regalo y un lugar familiar. Su Palabra claramente declara que está buscando a alguien que lo adore, no profetiza a todos (Juan 4:23). Como profeta de mí mismo, claramente no estoy en contra de que los profetas profeticen, pero debes aprender que estás sujeto a la aceleración del adorador. Su título no prevalece sobre quién está acelerando en ese momento. En la iglesia apostólica, a menudo me he encontrado con profetas que no querían ceder ante el minstrel que está profetizando mediante la adoración. Si no puedes honrar a Dios con tu adoración, ¿cómo puedes hablar por él? Eso es equivalente a separarte del resto del Cuerpo, pero Dios no es el autor de la confusión. Mantenga su palabra profética caliente hasta después de que adoremos al Rey. Eso está fuera de orden y su corazón está equivocado si no puede ceder a lo que Dios está haciendo en la adoración colectiva. Esto comunica que no respetas la clasificación del minstrel (y cualquier otro obsequio que Dios use a voluntad). Eso está fuera de servicio. Esencialmente, la mayoría de las iglesias que tienen ese orden, parecen una escena de Los profetas se volvieron salvajes. Eso es rudo y odioso, y Dios no opera así. Cuando deshonras a los que está usando y te exaltas más que ellos, te faltas el respeto y los avergüenzas abiertamente. Si no pueden evitar que baje el teclado y les quite el micrófono de la mano, diciéndoles: "Eso no es todo", lo que les hace pensar que un minstrel puede manejar eso y funcionar bien, después de eso. Un título no le permite tratar a las personas de esa manera. Usted merece ser detenido, revisado, reprendido y volver a ponerlo en línea. Si se supone que somos reyes y naves, no puedes tratar a un rey de ninguna manera. ¿Por qué permitimos que esto suceda en el Reino? Jesús dijo que Él es el Rey de Reyes. Él estaba hablando de los reyes que nosotros somos en Su reino, con Él como el Rey más elevado. Históricamente, si faltas el respeto a un rey así, te cortarán la cabeza.

David era un guerrero porque era despiadado. Él conocía al enemigo del Reino e iba a manejar las amenazas al Reino. Si tuviéramos más mentalidad de Reino, no estaríamos peleando por un puesto. De todos modos, hay muchas posiciones. Las frecuencias que Dios me dio para aprovechar, mantener el flujo de las bendiciones de Dios en la casa. Cuando les dije a los líderes que dejaran de deshonrarme, porque estaban deshonrando el flujo de las bendiciones de Dios, se rieron en mi cara. La gente puede discutir con su opinión, pero no pueden discutir con los resultados. No tienes que demostrar nada a nadie. Solo sé quién eres y mantenlo en movimiento. No tener miedo golpeará el reino de la oscuridad en la yugular.

Reformando Nuestra Comunidad

Solo en Chicago, en una calle, por millas, hay 600 iglesias. Todas esas iglesias están en diferentes frecuencias. En esas mismas calles, hay licorerías, drogadictos y traficantes de drogas. Todas estas casas de rebelión se niegan a unirse para luchar contra el mismo enemigo, porque quieren el crédito, solo. Las canciones que tu iglesia está cantando están manteniendo la vieja naturaleza alrededor. Las canciones son negocios como de costumbre. No hay nada nuevo saliendo de su boca. Tiene los mismos servicios con las mismas 10 personas y se va y se va a casa. Vas a tus lujosas casas porque no puedes vivir en las comunidades a las que no estás afectando. Quieres que la gente viva allí, pero no lo harás. Ni siquiera puedes unirte para evangelizar un bloque. Si la comunidad llega a esas personas, todas sus iglesias estarán llenas.

Operamos como los Illuminati. No queremos afectar nuestra popularidad. ¿No te das cuenta de que perdiste tu reputación cuando te salvaron? A nadie le gustas. Supérate a ti mismo. No estás produciendo lo que Dios quiere que produces. Cuando entras en una iglesia y todavía cantan canciones de los 80 y 90, ese es el enemigo. Cuando las personas ingresen a su Iglesia por estar en el mundo después de 15-20 años de estar ausentes, y escuchen las mismas canciones que escucharon antes de irse, no se quedarán mucho tiempo. La música del mundo los llamará nuevamente después de haber llorado y recibir $ 10 de usted. Se han aburrido. No estamos cantando canciones que despiertan una nueva naturaleza. Los reincidentes sienten que no se han perdido nada porque no están haciendo y cantando algo nuevo. Dios requiere que hagamos mejor.

Hablamos de iglesias tradicionales y denominaciones (que tienen funciones reglamentadas) como si fueran dinosaurios, pero somos igual de malos. No tenemos suficiente amor para mostrar una forma más excelente que se alinee con la Palabra de Dios. Tratamos a otras denominaciones como si fueran menos que nosotros. Ser "puro [en] religión e inmaculado antes de Dios y el Padre es esto, visitar a los huérfanos y las viudas en su aflicción, y mantenerse sin mancha del mundo (Santiago 1:27). Esa es la Palabra.

Capítulo Diez
Resultados de Ser Deshonrado

Tuve un incidente en una fiesta de cumpleaños, cuando, cuando entré a la fiesta, la esposa del homenajeado me pidió uno de mis CD. Sabiendo que un artista de la grabación estaba reservado para proporcionar la música, compartí que no quería deshonrar al artista al sacar mi música. Sin embargo, el artista escuchó a este individuo felicitarme y honrarme. Después del evento, me acerqué al artista para saludarlo y compartir lo que Dios me dio para compartir con él. De repente me despidió diciéndome: "Si quieres venir conmigo, ve a mi sitio web." Era realmente desagradable y extrañaba una Palabra profética. Él se sintió intimidado por la atención que recibí mientras estuvo allí. Estoy compartiendo estas cosas para mostrarte el deshonor que puede atacar la propia vida y lo innecesario que es.

Como resultado de la deshonra, me ha llevado 25 años lograr algo que debería haber tomado solo 25 días. He tenido que promocionar mi música por mi cuenta. Tuve que tomarme el tiempo para mostrarle a la gente que no era un renegado como les dijeron otros. Fui rechazado por mi fuerte sentido de identidad, por los sistemas que se negaron a identificarme. No estoy amargado, estoy mejor. Los sistemas de Saúl acusan a la gente de amargura debido a su negativa a respaldarla. Descubrí que mi falta de respaldo de un sistema de Saul era en realidad mi protección porque el sistema no podía contaminarme. Entonces, me alejé de la ecuación y la contaminación, y me salvó la vida. Tenía que darme cuenta de que el sistema me estaba peleando por algo que nunca tuve en primer lugar. Nunca quise su aprobación. Vi la contaminación del sistema. ¿Por qué querría ser respaldado por un sistema contaminado que me enviaron a combatir? No puede cambiar el sistema cuando el sistema todavía está en usted. Así que tuve que retirarme y buscar el sistema fuera de mí. Mientras descubría quién era, descubrí la gracia de Jehú. Cuando entré a lugares, jugué en la pureza del corazón de Dios y descubrí que despeinaba las plumas de Jezabel. Se le denegó el acceso porque proporcioné un ambiente puro. Jezabel no puede habitar en una atmósfera pura. En el proceso, lo tomé personalmente. Dios tuvo que mostrarme que no era personal y que no me rechazaban; lo estaban rechazando. Déjame advertirte. Cuando eres general o embajador del cambio, enfrentarás una gran acusación. Sin embargo, debes saber que si Dios te envió, también te respaldará. Si Él no te envió, estás en problemas. Esto debería hacer que te regocijes. Cuando tienes resistencia, se solidifica y estás en la perfecta voluntad de Dios. Si no ves oposición, es una pista de que estás en el sistema de Saúl elegido por las personas. Estar en la voluntad de Dios, siempre te llevará a la encrucijada de "¿Quiero ser popular o efectivo?" No puedes tener ambas cosas. Cuando te mientan, mantenlo en movimiento. Mantente enfocado. Tu adversario es una señal para demostrar que estás en el mismo camino. Le digo al enemigo: "Tú llevas a cabo tu conjunto de instrucciones, y yo voy a llevar a cabo las mías." Servimos al mismo Dios.

Aprendí de los buques de responsabilidad en mi vida, no tienes que responder a las personas a menos que lo que estás aspirando todavía esté en ti. Ellos no vienen después de tu ministerio. No tienes uno. Tu ministerio es servir y obedecer. Puede saber si las personas están en un sistema Saúl o David hoy si entran en Facebook. Si están en un sistema de Saul, sus publicaciones alardearán sobre su iglesia y su pastor, sin darse cuenta de que no están cumpliendo su propósito. La mayoría de las iglesias en el sistema de Saul son sistemas de amigos. "Nuestro pastor nos dijo que no lo hiciéramos porque ..." (inserte razones sin sentido). Ellos son embaucados por el sistema de Saul.

Como apóstol, no me impresionan los números cuando no has hecho el trabajo para obtenerlos. Los números son engañosos. Desacreditamos a la iglesia que tiene 12 personas y las tildamos de ineficaces. Sin embargo, no sabemos si el líder con 12 personas salió a buscar esos 12 y los está formando para que puedan salir y unirse a los 12,000. Tú con la gran iglesia, usualmente eres malvado, pero nadie quiere exponerte, pero Dios lo hará. Atraes a la gente a través del uso de trucos. Usted atrae a Judá con más dinero, no relación.

Has robado a otros miembros del líder y pídele al mismo líder que hable en tu iglesia. ¿Qué tan humillante es eso? Escandalizas a los nombres de otros líderes y atraes a sus fieles cuando no pueden verlo. De nuevo, no estoy impresionado por los números, si los pones de la manera incorrecta. Hay muchos miembros para andar si salimos a la calle. En cambio, intercambiamos miembros como tarjetas de béisbol. Descargo de responsabilidad: si no eres tú, no tienes que responder. Si eres tú, tienes la opción de simplemente arrepentirte y encaminarte. Pero sepan esto, ningún arma se formó contra mí y la gente como yo prosperará. Continuaré escribiendo, sin embargo. Es importante para mí decir la verdad en esta área porque me afecta a mí y a las personas como yo.

Lo dije antes, Judá es la función más utilizada en el Cuerpo de Cristo, pero la más descuidada. Dishonor se ha convertido en un intento de asesinato para matar su influencia y efectividad. Más personas han muerto por deshonor y un corazón roto que una enfermedad, que es lo que sigue al deshonor. Las cosas que los líderes le han hecho a Judá; nunca les permitirían pasarles. Desde un punto de vista ministerial, es por eso que Judá es tan maltratado. El deshonor destruye el juglar y el alma de los salmistas. Judá necesita ser sanado y liberado en su alma. El alma es donde el dolor, la falta de respeto y la traición son suprimidos por las estaciones. Ha sido ignorado porque el sistema de Saulo te enseña a no desafiar a los líderes. Sin embargo, eso no es bíblico, porque los profetas vinieron a desafiar y corregir a los líderes. El sistema de Saul se rehúsa a otorgar honor a lo que Dios honra, pero no tiene problemas para honrar lo que es popular o alguien que no los desafía a hacer lo correcto. Tienes prohibido estar en desacuerdo. La acción más perjudicial de los líderes influidos por Saúl es la liberación de las etiquetas de sus bocas. Compartí contigo anteriormente que me etiquetaron como "rebelde" porque no me permitía ser controlado y etiquetado como "renegado" porque no estaba de acuerdo con todo lo que veía y experimentaba. El engaño en las etiquetas del líder es que creen que la Palabra no se aplica a ellos. Ellos justifican sus acciones con: "No toques a mi ungido; no haga daño a mi profeta ." El sistema y el espíritu de Saúl están enraizados en los celos y el asesinato. Si el sistema no puede asesinarte físicamente, te asesinará espiritualmente e influyente. Las características deben exponerse porque siempre quiere que pienses que el problema eres tú y no ellos.

Las características de alguien con espíritu de Saúl son que cuelga el ascenso como una zanahoria a un caballo para mantenerte cerca. Este espíritu imita a Dios. Hacen promesas, pero la diferencia es que no tienen la intención de mantener las suyas. Ato el espíritu de "Voy a ..." Otra característica es que no tienen la intención de honrarte si no haces lo que ellos quieren que hagas. Generalmente, piensan que tienen un gran discernimiento. Cuando disciernen algo de valor en alguien, actúan como si tuvieran que racionar su influencia sobre ti. Se ponen celosos de ti. Ellos poseen capas de engaño. El espíritu de Saúl siempre puede ver tus defectos, nunca los de ellos. Incluso conocen el nombre de todos tus demonios, mientras que el suyo permanece en el anonimato. Eso es el resultado de que no están involucrados en la adoración verdadera porque la verdadera adoración te muestra a ti, no a todos los demás.

El Señor me dijo que el problema con nuestra adoración es que tenemos más críticos que participantes. Los líderes están criticando más que involucrarse. Lo justifican diciendo que están ocupados midiendo dónde estás, espiritualmente. ¿Disculpe? ¿Quién te ordenó medir la adoración cuando se supone que debes participar? No te involucrarás porque tu espíritu nunca te permitirá reconocer quién está delante de ti. Saúl ni siquiera reconoció a David y que lo enviaron para ayudarlo. El primo de este espíritu es Anti-Cristo. Lo mismo que le hicieron a Jesús; ellos le hicieron a David Ellos rechazaron a Jesús cuando vino a la escena. La orden davídica te señala a Jesús.

Nos hemos vuelto tan engañados. Nos desafiamos cualquier cosa que viene a corregir al justificar que lo que se ve, no es realmente lo que se está viendo. Algunos líderes se han convertido en el mejor ilusionista. El espíritu de Saúl produce el fruto del cartel y los traficantes de drogas. De hecho, eso es exactamente lo que parece el sistema Saul. La mentalidad es: "Solo te daré suficiente honor o producto para que sigas volviendo a mí." Ese es el espíritu del traficante de drogas. "Voy a controlarte porque si te doy demasiado honor, puedes vencerme y no puedo permitir que eso ocurra." Si eres un verdadero padre apostólico, tus hijos e hijas deberían sustituirte. Jesús incluso dijo: "El que creyó en mí hará las obras que he estado haciendo, y harán obras aún más grandes que estas porque yo voy al Padre" (Juan 14:12). ¿Cómo puedo hacer trabajos más grandes en el sistema Saúl cuando no puedo obtener una insignia de mérito por ser fiel?

Curación de Dishonor

La mejor manera de experimentar la curación del deshonor es primero admitir que necesitas ser sanado. Cada cambio tiene que comenzar con el arrepentimiento. Tienes que arrepentirte por la participación que tuviste en el sistema de Saul y cómo te hizo sentir. Ese es el mejor lugar para comenzar. Algunas personas pensarán: "No hice nada." Mi respuesta es que necesitas arrepentirte por pensar que no necesitas arrepentirte. Somos culpables por asociación por permanecer en un sistema de Saul. Nos permitimos quedarnos en un lugar donde reconocemos el respaldo de un hombre más que el respaldo de Dios. Nos vemos atrapados en lo que cuelgan en nuestra cara. El líder cuelga ese bocadillo de Scooby en nuestra cara y nos quedamos. Esto también se conoce como ordenación, o como lo vemos en casas apostólicas o proféticas, elevación. Somos tan malos como aquellos de los que hablamos. Al menos tienen un sistema de honor. Estoy aprendiendo que la mayoría de las personas que baten títulos son personas que no tienen la capacidad de honrar a las personas por lo que son. He tenido personas que me llaman personalmente "hermano" para ver cómo respondería a ser deshonrado. Debes tener confianza en quién eres. Si Dios te llamó por algo y lo has descubierto, debes tener confianza en lo que Él te llamó. No puede confiar en lo que las personas le reconocen. No tienes que gastar tu aceite o perder el tiempo en un tonto.

El sistema de honor de Dios es importante porque ¿de qué otra manera podemos parecernos a él? Para que la reforma tenga validez, todas las partes involucradas deben revisar sus corazones. No hay una sola persona que sea solo culpable. Todos somos un solo Cuerpo, no partes. Cuando estamos divididos, estamos en ruinas. Pensamos que Judá era tan insignificante que descubrimos que algunos líderes están muriendo prematuramente porque rechazaron lo que se envió para preservarlos. La alabanza y la adoración fueron enviadas a la Tierra para preservar su cuerpo natural.

Hemos hecho que la alabanza y la adoración sean fáciles de usar para nosotros. No hemos buscado a Dios sobre el propósito para ello. No liberamos personas porque creemos que fueron enviadas por nosotros. Creemos que deshonrarlos y no liberarlos los controlará y evitará que estén expuestos a otros que necesitan lo que aportan a la Tierra. Una de las señales de que eres un controlador es que dices: "Después de echarles mano y hacer esto y aquello, aún querían irse." Se supone que deben ser enviados y liberados de todos modos. ¡Déjalos ir! Si permites que las personas prosperen en sus respectivas áreas, tendrás una relación con ellos como si nunca se hubieran ido. Siempre estarás apegado y ellos siempre serán leales. Solo estamos molestos por la liberación de personas porque no evangelizaremos para que más personas ingresen al Reino.

Excusas de Liderazgo

La mayoría de las decisiones tomadas sobre el departamento de música a menudo son instigadas por los accionistas del ministerio. Las personas que navegan por lo que sucede y no continúa suelen ser las que dan más en ofrendas y diezmos. Debido al espíritu de avaricia, los líderes permiten que ese tipo de personas les dicte cómo obedecen o no a Dios. Ese es el verdadero fruto del sistema Saúl. Como resultado, eliges canciones que se adaptan a las personas, para que puedas ser su Saul (que es la elección del pueblo). El tema principal para eso es "Tienes que darle a la gente, a las personas lo que quieren." El objetivo detrás de eso es complacer a aquellos que están apoyando tu sustento. Fuerza lealtades divididas en ambos lados. En el lado del liderazgo, estás dividido entre tu obediencia a Dios y tu fidelidad al hombre. Por parte de la congregación, están divididos entre su lealtad hacia usted y su fidelidad a Dios. Entonces, el sistema de Saul causa esos tipos de conflicto en las vidas de los líderes y la congregación. Ambas partes están motivadas por dos cosas diferentes.

La mayoría de los líderes están motivados por su miedo a perder personas. Entonces, pusieron al departamento de música en un dilema al hacerles cantar canciones que son las favoritas de los accionistas, pero no son las favoritas de Dios.

A menudo escucho a los líderes hablar sobre lo que a su gente no le gusta. Honestamente, ¿a quién le importa lo que le gusta a tu gente? ¿Qué pasa con lo que Dios está requiriendo? A menudo he dicho, la Biblia no es un menú. No es algo para pedir lo que te gusta y rechazar lo que no. Cuando se trata de música, el Señor le dijo cantarle una nueva canción (Salmos 33: 3, 96: 1). Eso lo arregla conmigo.

Capítulo Once
Soluciones Para Líderes

Todo que despierta el cambio tiene que comenzar con el arrepentimiento. La gente necesita líderes para ayudarlos a sanarse. La unción debe fluir desde la cabeza hacia abajo, y también debe ser liberada. En algunos casos, la liberación debe llevarse a cabo al aire libre, en lugar de una habitación en la trastienda. Esto influenciará la fe de las personas. Si adopta el papel de padre, debe mostrar abiertamente a sus hijos que está dispuesto a hacer lo que usted quiere que ellos hagan. Deberían poder responder diciendo: "Solo hago lo que veo que hace mi padre." Sin embargo, no te ven durante la adoración. No te ven hasta que hagas tu gran entrada (después de la adoración). La única razón por la que no participas es que crees que la adoración es para ti. Tenemos la actitud que dice: "El equipo de alabanza tiene que hacer que sea propicio para mí predicar." Es por eso que elegimos nuestras propias canciones, para que podamos hablar, no para que Dios hable. Si adoramos a Dios, la mayoría de las veces, Él interrumpirá nuestros planes. ¿Cómo podemos darle a Dios una cierta cantidad de tiempo para hacer lo que Él necesita? El sistema de Saul siempre es consciente del tiempo porque le preocupa lo que piensa la gente. Nuestras iglesias deben dejar de desplegar y recoger lo mejor de los mejores talentos. No necesitamos audiciones; necesitamos entrevistas. No necesitamos habilidad; necesitamos humildad Tenemos que dejar de buscar directores de música que no tengan ninguna relación con Dios y que no tengan ninguna relación con usted. Nos preguntamos por qué vemos un alto cambio. No están ahí para ayudarlo a construir o que Dios construya cualquier cosa. Están ahí por un trabajo. Lo que no queremos admitir es que los monstruos en los que se convierten son por algo que hemos creado. No los desafiaremos a vivir bien porque no queremos perderlos.

Mantenemos suficiente carne para mantener la carne, porque nuestro objetivo es mantener los números altos. Es por eso que reclutamos lo mejor de lo mejor. Esto debe detenerse y debemos levantar a aquellos que entienden el pacto. Aquí está el engaño: la mayoría de los hombres de Dios están buscando esquemas para llevar a las personas a su iglesia. Sin embargo, Jesús dijo: "Si me enaltecen, atraeré a todos los hombres hacia mí" (2 Crónicas 7:14). "Hay que buscar la Reforma. Queremos personas porque las consideramos como diezmos y ofrendas.

Tengo un problema serio con los líderes reclutando celebridades y disculpándolos, debido a los ceros detrás de su nombre. Mientras que, alguien que ha estado con usted durante 20 años y construyendo fielmente con usted, no tiene acceso a usted. Cuando se trata de la celebridad, no importa lo que hicieron la noche anterior, pueden venir a su púlpito y predicar. Sin embargo, alguien que ha estado con usted durante 20 años no puede enseñar una lección de Escuela Dominical. Eso es avaricia; pero lo etiquetamos como "Necesitan ser probados." Has estado protegiendo tu púlpito de todos los demás, pero permites que las celebridades participen. He visto personas sin hogar entrar a la iglesia y son tratadas como si tuvieran la peste bubónica. Sin embargo, las personas con un título que tienen orgías, antecedentes penales y cintas sexuales pueden llegar al púlpito.

Lo que hay que hacer es dejar de tener miedo de sentar a las personas que arruinan la iglesia, sino porque tienen talento para que no los detenga. Los líderes están pasando por las mujeres, pero debido a que también pueden atraer multitudes a su iglesia, usted les permite que continúen. Tenemos miedo de enfrentar esto. Permitimos que los proxenetas vengan y violen la iglesia. Ellos esquilan a la iglesia y recaudan miles de dólares, pero la persona que realmente puede traer la presencia de Dios, no les darán $ 20 para llegar a casa. No podemos tener reuniones o conferencias a menos que tengamos una celebridad. Se usan en el lugar donde se supone que Jesús debe ocupar. Cuando creas un ambiente donde Jesús es el invitado, Él lo honra. Es por eso que Jesús no viene a muchos de nuestros servicios porque ya no está invitado. Usted tiene más personas que vienen y se van de la misma manera. Solo que son intermediarios porque te dieron todo su dinero. Lo único que ha cambiado es el saldo de su cuenta bancaria.

Cuando Judá se limpia, comenzamos a escuchar en la frecuencia de Dios. Comenzamos a obtener Sus resultados, no los nuestros. No estamos siguiendo lo que Dios nos dijo que hiciéramos. No estamos simplemente siguiendo la Biblia. Damos reuniones de acuerdo a nuestras necesidades. Creo que el Señor nos exige satisfacer las necesidades de los demás, ya que este es el propósito del ministerio en primer lugar. David niveló el campo de juego, para asegurar que todos pudieran obtener lo que necesitaban en la presencia del Señor. Todos necesitamos su gloria.

Si todavía estamos obteniendo los resultados que obtuvimos en el mundo, algo está mal. Las personas no deberían venir a la casa de Dios y continuar tratando con los problemas que enfrentan en el mundo. Tampoco deberían ver las mismas cosas de las que están huyendo. Corren a la iglesia por ayuda. No esperan que los mismos pecados se perpetúen. La murmuración, la mentira, la traición y la manipulación / control aún se perpetúan en la iglesia.

Tratando con el Departamento de Música

Su departamento de música en general no debe estar encabezado por alguien más administrativo que lleno del Espíritu. Los administradores usualmente no tienen la sensibilidad para tratar con cosas espirituales. Debe haber equilibrio. He visto configuraciones ineficaces. He visto a un pastor de adoración en el departamento de música, pero generalmente no conocen el aspecto técnico (micrófonos, sistemas o calidad de sonido). He visto a un anciano en el departamento de música que actúa como perro guardián, pero no son sensibles a las necesidades de Judá. No puedes apoyar nada que no entiendas. Cuando se trata de comprar equipos, las personas no calificadas tienden a obtener el producto más barato disponible, porque les preocupa el presupuesto. Esta mentalidad no está preocupada por la eficacia de Judá. Es por eso que verás mega iglesias con teclados Casio en la plataforma. Mi problema es que no gastarás suficiente dinero para asegurarte de que la música suene correcta y agradable para Dios, pero traerás a alguien para entretenerte y pagarles el mejor precio. Las prioridades están apagadas. He estado con líderes que trajeron a una celebridad famosa y compraron equipos adicionales para que el invitado suene mejor. Sin embargo, las semanas previas, estábamos jugando con tecnología barata. El Rey de Reyes y el Señor de Señores deben ser para lo que nos preparamos y buscamos impresionar. Sin embargo, hacemos todo esto para impresionar a las celebridades.

El departamento de música se da por sentado. Ni siquiera ponemos honor a lo que Judá tuvo que pasar para obtener el sonido adecuado para los servicios de adoración corporativa. Permítanme interponer esto: los técnicos de sonido deben pasar por la liberación. Se les debe exigir vivir un estilo de vida agotado y prepararse como si estuvieran entregando un mensaje en adoración. Es importante que sus vidas operen en pureza para crear un clima propicio para que el Espíritu mueva cómo quiere moverse. Cuando el sonido está apagado, distorsiona el sonido y el mensaje que se transmite. En el pasado, el técnico de sonido da lo que cree que es necesario, no lo que se solicita. Ellos juegan el papel de Dios en nuestras iglesias. Si trabajaban para una celebridad con este comportamiento, serían despedidos en el acto. He visto técnicos de sonido tratar de hablar en jerga técnica, para hacerte pensar que eres estúpido. No tiene nada de técnico, "suba el sonido, aléjese del tablero y deje de hacer ajustes." He visto técnicos de sonido que manipulan su control sobre el sonido. En ocasiones, me he visto obligado a traer mi propio sistema de sonido y aún así tuve que apagar mi sonido. Eso es demoniaco Ese es el espíritu de sabotaje que enfrenta Judá. Solo se escucha a sí mismo a través de su monitor, porque son lo suficientemente inteligentes como para activarlo en el monitor, pero lo rechazan en el altavoz de la casa. El enemigo le quita su efectividad cuando su micrófono se apaga y amortigua. Esto contrarresta la intensidad de lo que se está liberando. Los cantantes son más capaces de mantenerse en la clave porque pueden escucharse a sí mismos en el micrófono y hacer cualquier modificación para apoyar la autenticidad del sonido que Dios desea liberar a través de ellos. Fuimos instruidos para adorar con nuestros dones y Él maneja a la multitud. No es responsabilidad de Judá preocuparse por la multitud. Sin embargo, el apoyo de técnicos de sonido llenos del Espíritu y dirigidos por el Espíritu ayuda a producir el sonido que Él requiere.

No puede decirme que el micrófono del pastor es la única pieza de equipo que funciona. En muchas casas, ellos ni siquiera aparecen hasta después de que la alabanza y la adoración han terminado. En el pasado, después de que el anciano abrió el servicio en oración en el buen micrófono, tomé el micrófono del pastor. Sabía que el sonido se establecería perfectamente en ese micrófono. Si tiene más de un equipo de adoración en su iglesia, he tenido experiencias en las que el técnico de sonido ha saboteado a los equipos que no eran sus favoritos. Los micrófonos y el sonido del equipo favorito son magníficos y cuentan con el apoyo de todos los técnicos. Esto tiene que cambiar.

Nombra a la Gente Apropiadamente

Solo nombrar personas que estén de acuerdo con todo lo que dices es malo. La persona que designe debe ser designada en función de sus calificaciones, no si le agradan o no. No hay nada malo con alguien que lo desafíe, siempre que el chantaje esté en línea con la Palabra, en lugar de ser una opinión personal.

En cuanto a nombrar músicos; debería haber más énfasis en el carácter y el estilo de vida que el talento. Debe haber alguna forma de diversidad cuando se trata de crecimiento de transferencias y nuevos conversos. No puede usar el mismo sistema para determinar dónde está el crecimiento de la transferencia, en función de los nuevos conversos. La clase de nuevos miembros no es para todos. Es por eso que debería tener más entrevistas, que audiciones, en general. Como mencioné antes, las entrevistas te ayudan a conocer las intenciones del corazón. Las audiciones solo te permiten llegar tan lejos como el talento y lo que disciernas sobre eso, solo.

Confía en Dios en las Personas

Tenemos que confiar en Dios en las personas que designamos y respetar su jurisdicción. Si los nombró basándose en la intención de su corazón, no debería ser difícil confiar en su corazón y sus intenciones si fueran lo suficientemente confiables para designar. La falta de confianza surge cuando no confías en las personas que colocas en su lugar. Te obliga a controlarlos. No confías en Dios en ellos. Judá tiene una reputación de ser indigno de confianza, por lo que debes designar a personas que puedes controlar. Cuando haces eso, les impides escuchar a Dios. No pueden obedecer a Dios cuando tienen que obedecerte.

Deja de actuar sorprendido cuando contratas a alguien para hacer algo y hacen exactamente lo que los contrataste a hacer. La conclusión es que, si quieres un músico, contratas a un músico. No te enojes cuando no actúan como un minstrel. Un músico hace lo que se acordó a cambio de ese control. El juglar viene para ayudar y colaborar con usted. Por lo general, son personas del pacto. Lo que les das, monetariamente, es otorgarles honor, no mantener una obligación. Un músico intercambia dinero por un servicio que brindan. Hay una diferencia. Si usted, como líder, está de acuerdo, no hay motivo para quejarse más tarde. Están haciendo lo que fueron contratados para hacer.

Desarrollar La Responsabilidad

Al fortalecer su departamento de música, Judá no debe

separarse del resto de los auxiliares y la congregación. La capacitación que reciben no debe tratarse como una clase de Escuela Dominical. Todas las partes deben rendir cuentas. Actualmente, el departamento de música es responsable del culto en nuestra configuración corporativa. Este no es el caso en el ministerio de intercesión. Los intercesores no son los únicos que rezan. Ellos dirigen la oración y muestran el ejemplo. El departamento de música tiene la responsabilidad de defender, al igual que la congregación. Debería exigirse a ambas partes involucradas. El equipo de alabanza no debe aprender a adorar si la congregación u otros dones ministeriales no adoran. El cuerpo entero necesita poner una demanda en el culto y hacerse responsable unos a otros por ello, corporativamente.

Actualmente adoramos a personas que no conocemos. No conoces a las personas que ves el domingo. No entiendes quiénes son en realidad. La persona que conoces el lunes no es la misma persona que aparece el domingo. Cualquiera puede prepararse para el día del juego y ponerse la cara del juego. Es importante que todos los auxiliares tengan una relación entre ellos, para matar al espíritu competitivo. He visto escenarios donde los profetas piensan que son mejores que los juglares. He visto que los juglares no tienen una relación con los profetas porque piensan que son mejores. Hay conflicto todo el tiempo. El único que respetan es el pastor. He visto que ninguno de los líderes tiene respeto por Judá porque no entienden que Judá no está hecho de novicios. Judá no es un novato de las cosas espirituales. El hecho de que no tengan títulos no significa que no conozcan las cosas espirituales. Puedes tener un título, pero eso no significa que entiendas cosas espirituales. Siempre habrá conflicto cuando se esté entrometiendo fuera de su jurisdicción. Un profeta no debe decirle a un intercesor cómo orar. Un intercesor no debe decirle a un minstrel qué debe tocar. Estás fuera de tu jurisdicción. Sin embargo, por alguna razón, todos los auxiliares sienten que pueden decirle a Judá qué hacer y cómo operar, incluso si está fuera de su jurisdicción. No entienden que el minstrel no fue creado para acomodarlos, sino para jugar y entretener al Rey de Reyes y al Señor de Señores.

Otras Sugerencias para Lideres

Al acercarnos al final de este libro, quiero tocar algunas sugerencias breves y finales que ayudarán a facilitar la curación y comenzar el proceso de limpieza de Judá, hasta que pueda traer a un especialista para iniciar la reforma.

Tener algún tipo de intercesión de manera regular para Judá. Es una gran responsabilidad ser responsable del clima espiritual en el culto corporativo. Primero tienes que vivir en ese clima antes de poder crearlo en un entorno corporativo.

Crea oportunidades para que Judá sea ministrado. Traemos gente para todo lo demás. Siempre debes traer personas que tengan el corazón para impartir y demostrar lo que enseñan.

Oro para que tus ojos y tu corazón hayan sido abiertos para escuchar el llamado de Dios para iniciar la reforma davídica en tu Cuerpo corporativo y en tu vida individual. Busca al Señor con respecto a cuáles deberían ser tus próximos pasos. Si alguna vez puedo servirlo a usted o a su lugar de culto para establecer una reforma, no dude en ponerse en contacto conmigo. I de largo para el Cuerpo de

Cristo para volver al corazón del rey y permitirle que libere su sonido º roughout la Tierra. ¡Levántate, Judá!

Sobre el Autor

Jacques C. Cook es un juglar profético en el sentido purista de la palabra. El Apóstol Cook ha ministrado en todo el país predicando, enseñando y liberando los sonidos de Heaven. Actualmente entrena juglares y salmistas, enseñándoles el plan bíblico de la Adoración Davídica.

A lo largo de su carrera musical profesional, que ha escrito canciones y la música compuesta por artistas de la cartelera topping de la carta. Ha escrito canciones para Donna Summers, Faith Evans, Missy Elliot y más, así como música compuesta para comerciales. Él ha ministrado en todo el país, como a nivel internacional, en México, Malasia, Santa Lucía y San Cristóbal en el Caribe, y Curacao en las Antillas Holandesas, activando salmistas y juglares para jugar proféticamente.

Above Only Music Group se originó y continúa expandiéndose a través de los dones y el liderazgo de este dinámico dúo. Han dedicado sus vidas a ayudar a los menos, perdidos y olvidados. Como equipo, trabajan para impactar vidas en comunidades olvidadas, a través del amor de Cristo y penetrando las regiones a través de las Artes y el Desarrollo Comunitario. Alimentan a las familias, les proporcionan ropa y uniformes escolares a los niños, y reparan / rehabilitan hogares para viudas y veteranos de EE. Con la mayor frecuencia posible, ofrecen conciertos y eventos gratuitos para comunidades de bajos ingresos.

Para obtener más información, visite http://aboveonlymusicgrp.org.